Thomas Merton

Ein Tor zum Himmel ist überall

W0053186

HERDER / SPEKTRUM

Band 5007

Das Buch

Am Anfang war das Schweigen. In allem Getriebe und allem Lärm sucht die Seele des Menschen das Geheimnis dieser heilsamen Ruhe, die alle Unruhe des Herzens stillt. Auf das ursprüngliche Sprechen des Schweigens wieder zu hören und dabei neu sensibel zu werden für die Umwelt und die Mitmenschen, dazu leitet dieses Buch an. Thomas Merton, faszinierender Denker, Mystiker, Poet und Vermittler der Weisheit des Ostens und des Westens, hat als einer der großen Kontemplativen „Zeiten der Stille" gelebt. Er lädt ein, sie mit ihm zu teilen. Stille muß keine Abwendung von der „Welt" sein. Im Gegenteil, ihr Geschenk ist eine größere Aufmerksamkeit für die Wirklichkeit und eine größere Fähigkeit zu Zuwendung und Liebe. In Zeiten der Stille erschließt sich Merton die Transparenz und Unschuld, die in allen Menschen und Dingen liegt, neu. Aus der Begegnung mit dieser Klarheit erwächst seine Abneigung gegen alles Verlogene. Zunehmend beschäftigt ihn in seinen letzten Lebensjahren die Wirklichkeit der Liebe, die er in einer tiefen, seine Wurzeln erschütternden Beziehung erfährt. Die vollkommene Liebe wagt das vollkommene Angewiesensein auf ein geliebtes Du. Bernardin Schellenberger erschließt auf spannende Weise die Verbindung der Texte mit der Biographie eines wegweisenden Menschen. Mit einem Vorwort des XIV. Dalai Lama.

Der Autor

Thomas Merton, geb. 1915. Literaturstudium. 1938 Konversion zum Katholizismus. Ab 1941 als „Father Louis" im Trappisten-Kloster Gethsemani in Kentucky/USA. Seit 1966 Einsiedler. Als Autor von ca. 60 Büchern und über 300 Aufsätzen weltweit spirituell wirksam. 1968 jäher Tod durch einen Unfall. Bei Herder/Spektrum: „Sinfonie für einen Seevogel. Weisheitstexte des Tschuang-Tse" (Band 4421)

Der Herausgeber

Bernardin Schellenberger, geb. 1944, bis 1991 Trappist und Seelsorger. Theologe, Übersetzer, Autor, lebt in Stuttgart. Zahlreiche Veröffentlichungen.

Thomas Merton

Ein Tor zum Himmel ist überall

Zeiten der Stille

Ausgewählt, eingeleitet und erläutert
von Bernardin Schellenberger

Mit einem Vorwort des Dalai Lama

Herder
Freiburg · Basel · Wien

Das Vorwort Seiner Heiligkeit des Dalai Lama beruht auf seiner Rede
bei einer Gedenkfeier für Thomas Merton im Trappisten-Kloster
Gethsemani, wo eine Dialogbegegnung zwischen Vertretern des
Christentums und des Buddhismus stattfand. Der Text ist, leicht
gekürzt, mit freundlicher Genehmigung des Aquamarin-Verlags
abgedruckt.

Gedruckt auf umweltfreundlichem,
chlorfrei gebleichtem Papier

2. Auflage

Originalausgabe

Die erste Auflage erschien unter dem Titel „Zeiten der Stille"
Alle Rechte vorbehalten – Printed in Germany
© Verlag Herder Freiburg im Breisgau 1992
Herstellung: Freiburger Graphische Betriebe 1999
Umschlaggestaltung: Joseph Pölzelbauer
Umschlagmotiv: VG Bild-Kunst, Bonn 1995
ISBN 3-451-05007-2

INHALT

VORWORT

Aus der Sicht eines religiösen Praktizierenden und insbesondere als Mönch ist Thomas Merton wirklich jemand, zu dem wir aufblicken können. Aus einer Sicht besaß er die vollendeten Qualitäten des Hörens – das heißt Studium, Kontemplation, Denken an die Lehren – und der Meditation. Er besaß auch die Qualitäten der Gelehrsamkeit, er war diszipliniert und hatte ein gutes Herz. Er war nicht nur fähig, selbst zu praktizieren, sondern sein Horizont war sehr, sehr breit. So scheint es mir, daß wir in der Erinnerung an ihn bestrebt sein sollten, dem Vorbild zu folgen, das er uns gegeben hat. Auch wenn das Kapitel seines Lebens vorüber ist, kann auf diese Weise für immer bewahrt bleiben, was er zu tun hoffte und erstrebte. Seinem wunderbaren Vorbild folgt man nicht nur in seinem ehemaligen Kloster. Mir scheint, wenn wir alle seinem Beispiel folgten, würde es sehr weit verbreitet und von sehr großem Nutzen für die Welt werden.

Was mich selbst betrifft, so betrachte ich mich immer als einen seiner buddhistischen Brüder. So, als ein enger Freund – oder als sein Bruder –, erinnere ich mich immer an ihn, und ich bewundere stets seine Aktivitäten und seine Lebensweise. Seit meiner Begegnung mit ihm – und so häufig stelle ich es fest, wenn ich mich selbst prüfe – folge ich in einigen Dingen seinem Beispiel. Gelegentlich empfinde ich wirklich eine tiefe Zufriedenheit bei dem Wissen, daß ich im Hinblick auf die Erfüllung seiner Wünsche einen Beitrag geleistet habe. So wird die Wirkung der Begegnung mit ihm anhalten bis zu meinem letzten Atemzug. Ich will hierzu wirklich verpflichten, und dies wird so bleiben bis zu meinem letzten Atemzug.

S. H. der Dalai Lama

AUS DER STADT IN DIE STILLE

Am besten schreibe ich diese Zeilen schnell noch nieder, bevor sie den Regen derart zu nutzen wissen, daß sie ihn verplanen und gegen Bezahlung zuteilen. Mit „sie" meine ich die Leute, die keinen Sinn dafür haben, daß der Regen ein Fest ist; die es nicht zu schätzen wissen, daß er nichts kostet; die der Auffassung sind, was nichts koste, sei nichts wert, und was nicht verkauft werden könne, existiere nicht wirklich, so daß die einzige Möglichkeit, eine Sache zur Wirklichkeit werden zu lassen, darin besteht, sie auf dem Marktplatz feilzubieten. Die Zeit wird kommen, wo sie dir selbst deinen Regen verkaufen werden. Im Augenblick gibt es ihn noch umsonst, und ich stehe in ihm. Ich feiere ein Fest darüber, daß er nichts kostet und keinen Zweck hat.

Der Regen, in dem ich stehe, ist nicht wie der Regen in den Städten. Er erfüllt die Wälder mit einem unermeßlichen, geheimnisvollen Rauschen. Er trommelt mit eindringlichen, beherrschten Rhythmen auf das flache Dach der Hütte und der Veranda. Und ich höre zu, denn immer und immer wieder erinnert er mich daran, daß die ganze Welt von Rhythmen bewegt wird, die zu erfassen ich noch nicht gelernt habe, von Rhythmen, die anders sind als die Rhythmen des Technikers.

Ich kam gestern abend vom Kloster hier herauf, stapfte durch das Kornfeld, betete die Vesper und setzte etwas Hafergrütze für das Abendessen auf den Coleman-Herd. Die Grütze kochte über, während ich dem Regen lauschte und am Kaminfeuer ein Stück Brot toastete. Die Nacht wurde sehr dunkel. Der Regen umhüllte die ganze Hütte mit seinem atemberaubenden, jungfräulichen Mythos, einer Welt voller Bedeutung und Geheimnis und Schweigen und Gerücht. Stell dir das vor: all das Geplauder, das da herabströmt, das nichts verkauft, das niemanden richtet; es durchweicht das dicke Polster toter Blätter, saugt sich in die Bäume, füllt alle Rinnen und Furchen des Waldes mit Wasser, wäscht die Stellen aus, wo Menschen die Hügelseite aufgekratzt haben! Welch ein Erlebnis, völlig allein dazusitzen, im Wald, bei Nacht, zärtlich umgeben von diesem wunderbaren, unergründlichen, völlig unschuldigen Geplauder, dem trostvollsten Sprechen auf der Welt, dem Gemurmel des Regens mit sich selbst auf allen Hügeln, dem Plappern der Wasserrinnsale überall in den Furchen!

Niemand hat ihn eingeschaltet, und niemand wird ihn abstellen. Er wird plaudern, solange er will, dieser Regen. Und solange er plaudert, werde ich ihm lauschen.

Aber ich gehe trotzdem schlafen, denn hier in dieser Wildnis habe ich wieder das Schlafen gelernt. Hier bin ich kein Fremdling. Die Bäume kenne ich, die Nacht kenne ich, den Regen kenne ich. Ich schließe meine Augen und sinke alsbald hinein in die große Welt des Regens, deren ich selbst ein Stück bin, und die Welt begleitet mich dorthinein, denn ich bin kein Fremdling für sie. Ich bin ein Fremdling für das Gelärme der Städte und der Menschenmengen, für die Gier der Maschinerie, die keinen Schlaf kennt, für das Dröhnen und Stampfen der Macht, von der die Nacht gefressen wird. Wo Regen, Sonnenschein und Dunkelheit verpönt sind, da kann ich nicht schlafen. Ich traue keinem künstlichen Produkt, das fabriziert worden ist, um das Klima der Wälder und der Prärien zu ersetzen. Mir ist nicht wohl an Orten, wo die Luft zuerst verpestet und dann gefiltert wird, wo das Wasser erst verseucht und dann mit Hilfe anderer Gifte wieder genießbar gemacht wird. In der Welt der Häuser gibt es nichts, was nicht fabriziert worden ist, und falls versehentlich ein Baum zwischen die Apartmenthäuser gerät, bringt man ihm bei, mit chemischen Mitteln zu wachsen. Man definiert präzise seine Daseinsberechtigung. Sie nageln ihm ein Schild an, auf dem steht, er diene dem Zweck der Gesundheit, der Verschönerung und der Landschaftsgestaltung; er sei ein Symbol für Frieden und Wohlfahrt; die Tochter des Bürgermeisters habe ihn gesetzt. All das ist eine Mystifizierung. Die Stadt selbst lebt von ihrem eigenen Mythos. Statt aufzuwachen und im Schweigen dazusein, bevorzugen die Leute in der Stadt einen verstockten, fabrizierten Traum; sie legen keinen Wert darauf, ein Teil der Nacht oder einfach ein Stück der Welt zu sein. Sie haben eine Welt außerhalb der Welt konstruiert, gegen die Welt, eine Welt mechanischer Fiktionen, die die Natur verschmähen, und die nur darauf aus sind, sie aufzubrauchen; und so hindern sie sie daran, sich selbst und den Menschen zu erneuern.

Freilich, das Fest des Regens kann man nicht abbrechen, selbst in der Stadt nicht. Die Frau am Delikatessenstand auf dem Gehsteig hat eine Zeitung über den Kopf gestülpt. Die Straßen, unversehens gewaschen, werden durchsichtig und lebendig, und der Verkehrslärm wird zum Spritzen und Plätschern von Brunnen und Quellen. Man sollte meinen, daß der Mensch in der Stadt gar nicht daran vorbeikäme, bei einem Wolkenbruch auf die Natur mit ihrer Feuchte und Frische, ihrer Taufe und ihrer erneuernden Kraft aufmerksam zu werden. Aber der Regen bringt der Stadt keine Erneuerung; nur das Wetter wird morgen neu und anders sein, aber das Geglitzer der Fenster in den Hochhäusern wird nichts mit dem neuen Himmel zu tun haben. Alles, was „wirklich" ist, wird irgendwo innerhalb jener Mauern bleiben, wird sich selbst mit einer phantastisch komplizierten, genau vorausbestimmten Gewißheit zählen und zu Markte tragen.

Vorerst aber stapfen die besessenen Bürger durch den Regen, schleppen die Last ihrer fixen Ideen, sind ein klein wenig verwundbarer als sonst, aber immer noch einzig für äußerliche Dinge empfänglich. Sie haben keinen Blick dafür, daß die Straßen wunderbar glänzen, daß sie ihre Schritte auf Sterne und Wasser setzen, daß sie Himmel durcheilen, um einen Bus oder ein Taxi zu erwischen, um irgendwo unterzuschlüpfen, im Gedränge gereizter menschlicher Wesen, im Gewirr knallbunter Reklameschilder und im verworrenen Lärm blöder, abgeschmackter Musik. Aber sie müssen wissen, daß es im Freien draußen regnet. Vielleicht fühlen sie es sogar. Ich kann es nicht sagen. Sie beschweren sich auf mechanische und geistlose Weise.

Natürlich kann kein Mensch das glauben, was sie über den Regen sagen, denn allem liegt eine fundamentale Lüge zugrunde: nur die Stadt ist wirklich. Dieses Wetter, ungeplant, nicht fabriziert, ist eine Unverschämtheit, ein Schlag ins Gesicht des Fortschritts. (Nur ein kleiner, einfacher Eingriff, und die ganze Bescherung wäre einigermaßen erträglich: Gebt es den Geschäftsleuten in die Hand, den Regen zu machen. Dann hätte er einen Sinn.)

Thoreau saß in seiner Hütte und kritisierte, daß es Eisenbahnen gab. Ich sitze in der meinigen und mache mir Gedanken über eine Welt, die – nun, die Fortschritte gemacht hat. Ich muß noch einmal „Walden" lesen, um herauszubringen, ob Thoreau bereits dahintergekommen war, daß er selbst ein Stück von dem war, dem er entfliehen wollte. Aber das ist keine Frage der „Flucht". Es geht nicht einmal darum, recht vernehmbar zu protestieren. Die Technik ist nun einmal da, selbst in der Hütte hier. Gewiß, ich habe

12

hier noch keinen Netzanschluß, und so ist auch G. E. (General Electric, die Elektrizitätsgesellschaft) noch nicht hier. Wenn der Netzanschluß und G. E. Arm in Arm in meine Hütte einziehen, wird es ganz meine Schuld sein. Ich gebe das zu. Ich halte niemanden zum Narren, auch mich selbst nicht. Ich werde ihre aufgeblasene und überhebliche Selbstgefälligkeit schweigend ertragen. Ich werde sie in der Meinung lassen, sie wüßten, was ich hier treibe.

Sie sind der Überzeugung, daß ich es schön habe. Ein Stück weit ist mir das schon durch meine Coleman-Lampe ins Haus getragen worden. Eine wunderbare Lampe: sie brennt mit weißem Gas und summt auf einem häßlichen Ton, spendet aber ein vorzügliches grünes Licht, in dessen Schein ich Philoxenos lese, einen syrischen Eremiten aus dem 6. Jahrhundert. Philoxenos paßt genau zum Regen und zur festlichen Nacht. Doch davon später. Vorerst: was sagt mir meine Coleman-Lampe? (Colemans Lebensweisheit ist auf die Pappschachtel aufgedruckt, die ich in den Holzstoß hinter die Hickory-Klötze gesteckt habe.) Coleman vertritt die Ansicht, das Licht sei gut, und als Grund gibt er an: „Verlängert die Tage um weitere schöne Stunden."

Kann ich nicht in den Wäldern sein, ohne irgendeinen besonderen Grund dafür zu haben? Einfach nur in den Wäldern zu sein, nachts, in der Hütte, ist etwas zu Herrliches, als daß man es rechtfertigen oder erklären müßte! Es ist ganz einfach eine Daseinsweise. Einige Leute gibt es immer, die nachts in den Wäldern sind, im Regen (denn wenn es sie nicht gäbe, wäre die Welt bereits untergegangen), und ich bin einer von ihnen. Wir haben es nicht schön, denn wir „haben" überhaupt nichts, wir „verlängern" nicht unsere „Tage"; und wenn wir es schön hätten, dann könnte man das nicht mit Stunden messen. Freilich, es mag tatsächlich den Anschein haben, als bestehe ein schönes Leben aus

13

einem Zustand verschwommener Erregung, den man mit der Uhr messen und künstlich „verlängern" kann. Aber es gibt keine Uhr, die das Plaudern dieses Regens messen könnte, der die ganze Nacht auf den versunkenen, einsamen Wald fällt.

Allerdings fliegt um drei Uhr morgens das Flugzeug der SAC über den Wald, und tief unter den Wolken blinkt ein rotes Licht und streift über die Wipfelkronen auf der Südseite des Tals. Das Flugzeug ist mit starker Medizin beladen. Mit sehr starker. Sie ist stark genug, um alle diese Wälder zu verbrennen und unsere schönen Stunden in alle Ewigkeit zu verlängern.

Und das bringt mich zu Philoxenos, einem Syrer, der es im 6. Jahrhundert schön hatte, ohne dazu Hilfsmittel zu brauchen, und erst recht keine Kernwaffen zur Abschreckung.

Philoxenos sagt in seiner neunten memra (über die Armut) den Bewohnern der Einsamkeit, für das Einsiedlerleben gebe es keine Erklärung und keine Rechtfertigung, denn es sei ohne Gesetz. Ein Kontemplativer sein heißt folglich ein Gesetzloser sein. Wie es Christus war. Und wie Paulus.

Einer, der nicht „allein" ist, sagt Philoxenos, hat seine Identität nicht gefunden. Vielleicht kommt er sich als alleiniger vor, denn er erfährt sich selbst als „Individuum". Aber weil er willentlich von den Gesetzen und Illusionen einer kollektiven Existenz umhüllt und begrenzt ist, hat er nicht mehr Identität als ein ungeborenes Kind im Mutterschoß. Er hat noch kein Bewußtsein. Er ist seiner eigenen Wahrheit entfremdet. Er hat Sinne, aber er kann sie nicht gebrauchen. Er hat Leben, aber keine Identität. Um eine Identität zu besitzen, muß er wach und aufmerksam sein. Aber wenn er wach sein will, muß er zu Verletzbarkeit und Tod ja sa-

14

gen. Und das nicht um dieser Wirklichkeiten selbst willen, und auch nicht aus Stoizismus oder Hoffnungslosigkeit, sondern einzig und allein um der unverletzbaren inneren Wirklichkeit willen, die wir nicht begreifen können (wir können sie nur sein), und zu der wir nur dann erwachen, wenn wir der Unwirklichkeit unserer verwundbaren äußeren Schale gewahr werden. Die Entdeckung dieses inneren Selbst ist ein Akt und eine Bejahung der Einsamkeit.

Wenn wir jedoch unsere verwundbare äußere Schale für unsere wahre Identität halten, wenn wir der Auffassung sind, unsere Maske sei unser wirkliches Gesicht, dann werden wir sie mit künstlich fabrizierten Dingen absichern, selbst um den Preis der Verletzung unserer eigenen Wahrheit. Darin scheint die kollektive Anstrengung der Gesellschaft zu bestehen: je emsiger sich die Menschen um diese Absicherung bemühen, desto gewisser wird sie zu einer kollektiven Illusion, bis sich schließlich die enorme, besessene, unkontrollierbare Dynamik des künstlich Fabrizierten entfesselt, das einzig und allein daraufhin angelegt ist, bloße Scheinidentitäten abzusichern, „Selbste", und zwar als Objekte genommen. Selbste, die auf Abstand gehen und sich selbst zusehen können, wie sie es schön haben (und diese Illusion versichert sie dessen, daß sie wirklich sind).

So sieht die Unwissenheit aus, die man zur axiomatischen Grundlage alles Wissens des menschlichen Kollektivs gemacht hat: um dich selbst als wirklich zu erfahren, mußt du das Bewußtsein deiner Bedingtheit, deiner Unwirklichkeit, deines Zustandes radikaler Bedürftigkeit unterdrücken. Du kannst das tun, indem du dir selbst das Bewußtsein verschaffst, jemand zu sein, der keinerlei Bedarf hat, den er nicht unmittelbar stillen kann. Zutiefst handelt es sich dabei um die Illusion der Allmächtigkeit, eine Illusion, die sich das Kollektiv anmaßt, und die es mit seinen individuellen Mitgliedern in dem Maß teilt, in dem sie sich seinen zentralsten und starrsten künstlichen Fabrikaten unterwerfen.

Du hast Bedürfnisse; aber wenn du dich richtig benimmst und konform bist, erhältst du Anteil an der kollektiven Macht. Dann kannst du alle deine Bedürfnisse befriedigen. Indes steigert das Kollektiv deine Bedürfnisse, um seine Macht über dich zu steigern. Es wird auch in seinem Zwang zum Konformismus strenger. Je mehr du dich auf diese Weise hoffnungslos an die kollektive Macht verpfändest, desto stärker verfällst du auch der kollektiven Illusion.

Wie geht das vor sich? Das Kollektiv formt und prägt deinen Willen, glücklich zu sein („es schön zu haben"), indem es dir unwiderstehlich Bilder deiner selbst vorhält, wie du gern sein möchtest: als jemand, der es in einer so vollkommen glaubhaften Weise schön hat, daß jede Regung bewußten Zweifels unmöglich wird. Theoretisch kann ein so herrlicher Zustand derart überzeugend auf dich wirken, daß dir auch nicht mehr im entferntesten die Möglichkeit in den Sinn kommt, er könnte sich zu einem weniger befriedigenden Zustand wandeln. Praktisch dagegen läßt ein teures Vergnügen stets noch einen Zweifel zu, der sich zu einem weiteren ansehnlichen Bedürfnis auswächst, das nach einer noch überzeugenderen und kostspieligeren Bedürfnisstillung verlangt, die dich dann ihrerseits wiederum nicht voll befriedigt. Am Ende der ganzen Kette steht dann die Verzweiflung.

Weil wir im Schoß einer kollektiven Illusion leben, bleibt unsere Freiheit verkümmert. Unsere Fähigkeiten zur Freude, zum Frieden und zur Wahrheit werden nie freigelegt. Wir können sie nie wirklich gebrauchen. Wir sind Gefangene in einem Prozeß, in einem dialektischen Hin und Her von falschen Versprechungen und echten Enttäuschungen, der in der Nichtigkeit endet.

16

„Das ungeborene Kind", sagt Philoxenos, „ist seiner Natur nach bereits vollkommen und ganz ausgebildet, mit all seinen Sinnen und Gliedern, aber es kann sie nicht für ihre natürlichen Funktionen gebrauchen, denn im Schoß kann es sie zu dieser Verwendung nicht stärken oder entfalten."

Weil alles seine Zeit zur Entwicklung braucht, gibt es tatsächlich eine Zeit, in der man noch nicht geboren zu sein braucht. Wir müssen tatsächlich im Schoß der Gesellschaft anfangen. Es gibt eine Zeit, die man in der Wärme des kollektiven Mythos zubringen muß. Aber es gibt auch eine Zeit, zu der man geboren werden sollte. Wer geistlich als reifes Ich „geboren" worden ist, der ist vom umschließenden Schoß des Mythos und des Vorurteils befreit. Er lernt, selbständig zu denken, und sein Denken wird nicht länger vom Diktat der Bedürfnisse und von den Systemen und Prozessen bestimmt, die dazu eingerichtet sind, künstliche Bedürfnisse zu erzeugen und sie dann zu „befriedigen". Diese Emanzipation kann zwei Formen annehmen: einmal die des aktiven Lebens, das sich selbst aus der Versklavung an die Bedürfnisse befreit, indem es auf die Bedürfnisse anderer eingeht und ihnen dient, ohne für sich einen persönlichen Gewinn oder eine Rückerstattung zu erwarten. Und zum anderen die des kontemplativen Lebens, nicht als Flucht aus Raum und Zeit, aus sozialer Verantwortung und aus dem sinnenhaften Leben aufgefaßt, sondern als Vorstoß in die Einsamkeit und in die Wüste, als Konfrontation mit Armut und Leere, als Verzicht auf das empirische Selbst, ein Leben im Angesicht von Tod und Nichtigkeit, um so die Ignoranz und den Irrtum zu überwinden, die das Produkt der Furcht sind, „nichts zu sein". Wer den Mut zum Einsamsein aufbringt, der kann zur Erkenntnis kommen, daß die vom kollektiven Geist gefürchtete und verdammte „Leere" und „Nutzlosigkeit" die notwendige

17

Voraussetzung sind, um der Wahrheit begegnen zu können.

In der Wüste des Alleinseins und der Leere wird es deutlich, daß die Angst vor dem Tod und das Bedürfnis nach Selbstbestätigung illusorische Dinge sind. Sieht man dieser Tatsache offen ins Auge, dann hat man zwar nicht notwendigerweise alle Qual überwunden, aber man kann sie akzeptieren und verstehen. So findet man im Herzen der Qual die Gaben des Friedens und des Verstehens; und zwar nicht nur als persönliche Erleuchtung und Befreiung, sondern in der Form der Hingabe und des Sich-Einfühlens, denn der Kontemplative muß sich die Qual aller und die unentrinnbare Lage des sterblichen Menschen zu eigen machen. Weit davon entfernt, sich in sich selbst einzuschließen, wird der Einsiedler zum Jedermann. Er wohnt in der Einsamkeit, der Armut und der Bedürftigkeit von jedermann.

Nach Philoxenos ist es in diesem Sinn zu verstehen, wenn man sagt, der Einsiedler ahme Christus nach. Denn in Christus hat sich Gott selbst die Einsamkeit und Verlassenheit des Menschen zu eigen gemacht, und zwar jedes Menschen. Von da an, wo Christus in die Wüste hinausgegangen war, um versucht zu werden, wurden die Einsamkeit, die Anfechtung und der Hunger jedes Menschen zur Einsamkeit, zur Anfechtung und zum Hunger Christi. Aber auch umgekehrt kann die Gabe der Wahrheit, mit der Christus die drei Arten der ihm bei seiner Versuchung angebotenen Illusion (Sicherheit, Ansehen, Macht) zerstreut hat, auch uns als Gabe zuteil werden, wenn wir nur fähig sind, sie anzunehmen. Auch uns wird sie in der Versuchung angeboten. „Gehe auch du in die Wüste hinaus", sagt Philoxenos, „und nimm nichts von der Welt mit, und der Heilige Geist wird mit dir gehen. Sieh, mit welcher Freiheit Christus hinausgegangen ist, und gehe so hinaus wie er – sieh, wo er die Spielregel der Menschen gelassen hat; laß die Spielregel der Welt dort zurück, wo er das Gesetz zurückgelassen hat, und geh mit ihm hinaus, um gegen die Macht des Irrtums anzukämpfen."

Und wo ist die Macht des Irrtums? Letzten Endes sehen wir, daß sie nicht in der Stadt, sondern in uns selbst war.

Heutzutage muß man die Einsichten des Philoxenos eher in den Meditationen der Existentialisten und im Theater der Absurden suchen als in den Traktaten der Theologen. In Ionescos „Die Nashörner" ist das Problem Berengers das Problem der menschlichen Person, die einsam und verlassen an dem strandet, was zu einer Gesellschaft von Ungeheuern zu werden droht. Im sechsten Jahrhundert wäre Berenger vielleicht in die sketische Wüste hinausgezogen, ohne sich zu sehr mit der Sorge zu belasten, daß alle seine Mitbürger, alle seine Freunde, und selbst sein Mädchen Daisy sich in Nashörner verwandelt hatten.

Heute besteht das Problem darin, daß es keine Wüsten mehr gibt, sondern nur mehr Ferienbauernhöfe.

Die Wüsteneilande sind Orte, an denen die verruchten kleinen Typen im „Herrn der Fliegen" dem Herrn der Fliegen vors Angesicht treten, ein kleines, dichtgedrängtes, grausames Kollektiv übertünchter Gesichter bilden und sich mit Speeren bewaffnen, um sich für die Jagd auf das letzte Mitglied ihrer Art zu rüsten, das immer noch voll Heimweh der Möglichkeit nachtrauert, vernünftig denken zu können.

Als sich Berenger plötzlich als letztes menschliches Wesen in einer Nashornherde vorfindet, blickt er in den Spiegel und sagt in aller Bescheidenheit: „Trotz allem ist der Mensch doch gar nicht so übel, oder?" Aber seine Welt gerät nun infolge des panischen Gestampfes seiner verwandelten Mitbürger gewaltig ins Wanken, und es wird ihm bald klar, daß diese Panik selbst das vielsagendste und tragisch-ste aller Argumente ist. Denn als er daran denkt, auf die Straße hinauszugehen, „um den Versuch zu machen, sie zu überzeugen", wird ihm klar, daß er „ihre Sprache lernen müßte". Er blickt in den Spiegel und sieht, daß er niemandem mehr gleicht. Er sucht wie ein Irrsinniger nach einem Foto, das die Leute zeigt, bevor der große Wandel stattge-funden hat. Aber das Menschsein selbst ist jetzt unglaub-haft, ja scheußlich geworden. Denn der letzte Mensch in einer Nashornherde stellt tatsächlich ein Ungeheuer dar.

So sieht das Problem aus, mit dem uns Ionesco in seiner tragischen Ironie konfrontiert: Einsamsein und Andersden-ken wird immer unmöglicher, wird immer absurder. Daß Berenger schließlich zu seiner Absurdität ja sagt und hin-ausstürzt, um die ganze Herde herauszufordern, macht die Vergeblichkeit des Unterfangens nur um so deutlicher, sich der Rebellion zu verschreiben. Zugleich porträtiert Ionesco in „Der neue Mieter" (Le Nouveau Locataire) die Absurdität eines konsequent logischen Individualismus, der in Wirk-lichkeit Selbstisolierung ist, hervorgebracht durch die Pseu-dologik wuchernder Bedürfnisse und Besitztümer.

Ionesco erhob gegen die New Yorker Inszenierung der „Nashörner" Einspruch, weil eine Posse daraus gemacht worden sei, die sein Anliegen völlig verkenne. Es handelt sich nicht nur um ein Stück gegen den Konformismus, son-dern über den Totalitarismus. Das Nashorn ist kein liebens-würdiges, zahmes Raubtier, sondern wo es auftaucht, hört der Spaß auf, und die Dinge werden ernst. Alles muß zweckvoll und in totaler Weise nützlich für das alles total beherrschende Unternehmen werden. Zugleich wurde Io-nesco kritisiert, er gebe den Zuschauern nicht „irgend etwas Positives" mit nach Hause, sondern „verweigere einfach rundweg das Abenteuer des Menschseins." (Vermutlich ist die „Nashornkrankheit" das letzte, was es an menschlichem Abenteuer gibt!). Er gab zur Antwort: „Sie (die Zuschauer) gehen mit einer Leere nach Hause – und das war meine Absicht. Die Aufgabe des freien Menschen ist es, sich selbst aus eigener Kraft aus dieser Leere zu ziehen, nicht mit der Kraft anderer Leute!" Damit nähert sich Ionesco sehr dem Zen und dem christlichen Eremitentum.

„In allen Städten der Welt ist es das gleiche", sagt Ionesco. „Der durchschnittliche moderne Mensch ist ein Mensch in Eile (d. h. ein Nashorn), ein Mensch, der keine Zeit hat, der ein Gefangener des Bedarfs ist, dem unverständlich ist, daß etwas eine Daseinsberechtigung haben könnte, das keinen Nutzen hat; und erst recht ist ihm unbegreiflich, daß letzten Endes gerade die nützlichen Dinge eine nutzlose und erdrückende Last sind. Wer keinen Sinn für den Nutzen des Nutzlosen und die Nutzlosigkeit des Nützlichen hat, der hat auch keinen Sinn für Kunst. Und ein Land, in dem man keinen Sinn für Kunst hat, ist ein Land von Sklaven und Robotern ..." (Notes et Contre Notes, S. 129). Die Nashornkrankheit, so fügt er hinzu, ist die Krankheit, die allen droht, „die den Sinn und den Geschmack an der Einsamkeit verloren haben."

Die Liebe zur Einsamkeit wird zuweilen als „Menschenverachtung" verurteilt. Aber entspricht das der Wahrheit? Wenn wir unsere Analyse des kollektiven Denkens etwas weiter vorantreiben, so stellen wir fest, daß die Dialektik von Macht und Bedürfnis, von Unterwerfung und Befriedigung auf eine Dialektik des Hasses hinausläuft. Das Kollektiv ist nicht nur darauf angewiesen, jeden, den es erreichen kann, zu absorbieren, sondern implizit auch darauf, jeden zu hassen und zu vernichten, der sich nicht absorbieren läßt. Paradoxerweise ist das Kollektiv unter anderem darauf angewiesen, bestimmte Klassen, Rassen

oder Gruppen zu verwerfen, um sein eigenes Selbstbe-
wußtsein dadurch zu stärken, daß es sie haßt, statt sie zu absorbieren.

So kann der Einsiedler nur überleben, wenn er die Fähigkeit besitzt, jeden Menschen zu lieben, ohne die Tatsache
zu berücksichtigen, daß er wahrscheinlich von allen als
Verräter betrachtet wird. Nur der Mensch, der voll und
ganz seine eigene geistliche Identität erreicht hat, kann leben, ohne andere umbringen zu müssen, und ohne einer
Doktrin zu bedürfen, die ihm das Töten anderer guten Gewissens erlaubt. Es wird immer einen Ort geben, sagt Ionesco, „für jene isolierten Gewissen, die im Namen des
universalen Gewissens aufgestanden sind", und zwar gegen
den Wahn der Masse. Aber ihr Ort ist die Einsamkeit. Sie
haben keinen anderen. Und daher ist es der einsame
Mensch (mag er in der Stadt oder in der Wüste leben), der
der Menschheit den unschätzbaren Dienst leistet, sie an
ihre wirkliche Fähigkeit zu Reife, Freiheit und Frieden zu
erinnern. Mir kommt es vor, als klinge schon fast all das bei
Philoxenos an.

Und es klingt wie das, was der Regen sagt. Wir schleppen
immer noch das Bündel der Illusion mit uns herum, weil
wir nicht den Mut haben, es hinzulegen. Wir leiden unter
all den Bedürfnissen, unter denen zu leiden uns die Gesellschaft zwingt, denn hätten wir nicht diese Bedürfnisse,
dann verlören wir unsere „Nützlichkeit" in der Gesellschaft
– die Nützlichkeit von Säuglingen. Wir haben Angst davor,
allein zu sein und wir selbst zu sein, und so andere an die
Wahrheit zu erinnern, die in ihnen ist.

„Ich werde euch nicht in der Art reich machen, daß ihr
vieler Dinge bedürft", sagt Philoxenos (und er legt diese
Worte Christus in den Mund), „sondern ich werde euch zu
wirklich Reichen machen, die nichts brauchen. Denn nicht

der ist ein Reicher, der über viele Besitztümer verfügt, sondern der, der keine Bedürfnisse hat."

Ganz sicher werden wir immer einige Bedürfnisse haben. Aber nur wer lediglich die einfachsten und natürlichsten Dinge nötig hat, kann als ein Bedürfnisloser angesehen werden, denn die einzigen Bedürfnisse, die er hat, sind wirkliche Bedürfnisse; die wirklichen aber kann man unschwer erfüllen, wenn man ein freier Mensch ist.

Der Regen hat aufgehört. Die Nachmittagssonne fällt schräg durch die Kiefernbäume; und wie würzig duften diese nutzlosen Nadeln in der klaren Luft! Ein Löwenzahn, viel zu spät in dieser Jahreszeit, hat sich zwischen den zerknitterten Blättern der Spätsommerlilien ans Licht gedrängt und zur Blüte entfaltet. Das Tal ist erfüllt vom völlig uninformativen Geplauder von Bächen und Wildwassern.

Jetzt beginnen die Wachteln in den feuchten Büschen zart zu pfeifen. Ihr Laut ist absolut nutzlos, und ebenso die Freude, die ich daran habe. Ich würde nichts lieber hören. Nicht weil dieses Geräusch schöner wäre als andere Geräusche, sondern weil es die Stimme des gegenwärtigen Augenblicks, des gegenwärtigen Festes ist.

Jetzt wird sogar hier die Erde erschüttert. Drüben in Fort Knox macht es sich das Nashorn schön.

(1966: Rain and the Rhinoceros, 9–23)

Dieser Text stammt aus der Feder des berühmtesten und einflußreichsten „Einsiedlers" unseres Jahrhunderts, des amerikanischen Trappistenmönchs Thomas Merton (1915–1968).

Das Wort „Einsiedler" ist mit Bedacht in Anführungszeichen gesetzt, um anzuzeigen, daß dieser Mönch alle Bilderbuchvorstellungen vom weltfremden frommen Mann in Wald, Höhle und Klause gesprengt und mit Leidenschaft

*nach dem authentischen, verantwortbaren Menschsein in
unserer heutigen Zivilisation gesucht hat. Seiner Überzeugung nach bedarf der Mensch einer Neugeburt aus dem
Schoß des Kollektivs heraus, um seine einmalige Identität
wahrzunehmen und zu verwirklichen.*

Nicht alle Menschen sind dazu berufen, Einsiedler zu sein,
aber alle Menschen brauchen ein genügendes Maß an
Schweigen und Einsamkeit in ihrem Leben, um der tief inneren Stimme ihres eigenen wahren Selbst die Möglichkeit
zu geben, sich zumindest von Zeit zu Zeit bemerkbar zu
machen. Wer diese innere Stimme gar nicht hört, wer den
geistlichen Frieden nicht finden kann, der daher stammt,
daß man vollkommen mit seinem eigenen wahren Selbst
eins ist, dessen Leben ist immer elend und anstrengend.
Denn man kann nicht glücklich leben, ehe man nicht die
Quellen des geistlichen Lebens erschlossen hat, die in den
Tiefen der eigenen Seele verborgen liegen.

(1957: The Silent Life, 167)

Das Schweigen gibt uns nicht nur die Möglichkeit, uns
selbst besser zu verstehen und unser eigenes Leben wirk-
lichkeitsgetreuer und ausgeglichener im Zusammenhang
mit dem Leben anderer zu sehen: auch macht uns das
Schweigen ganz, wenn wir es wirken lassen. Das Schweigen
hilft uns, die zerbrochenen und verstreuten Energiesplitter
unseres Wesens zusammenzufügen. Es hilft uns, uns auf
ein Ziel hin auszurichten, das tatsächlich nicht nur den
tiefsten Bedürfnissen unseres eigenen Wesens entspricht,
sondern auch Gottes Absichten mit uns.

(1968: Creative Silence, 21)

ANDACHT ZUR WIRKLICHKEIT

Für den Christen und Katholiken Thomas Merton war das Schürfen nach den Quellen des geistlichen Lebens in der Stille eine Frage des Findens seiner Berufung, das heißt: er war der Überzeugung, sein Schöpfer wolle ihn (wie jeden Menschen) in die Fülle eines Lebens führen, das derart lebendig sei, daß es selbst mit dem physischen Tod nicht ende, und seine Aufgabe bestehe darin, die Wegzeichen zu erkennen und ihnen konsequent und unerschrocken zu folgen.

Solches Horchen und Antworten auf die „Stimme", die keine akustische Stimme und kein Bescheid-gesagt-Kriegen ist, sondern ein waches Gespür für das Wahre und Richtige, das ich als einmalig Einzelner zu tun habe, führt unvermeidlich in Zonen des Alleinseins und der Einsamkeit. Es bezieht sich auf eine innere, nicht aufweis- und mitteilbare Quelle und kann folglich nur aus sich selbst legitimiert werden.

Ein solch konsequenter Individualismus scheint der Willkür Tür und Tor zu öffnen – wäre er nicht zutiefst dialogischer Natur, das heißt: Wort und Antwort und Verantwortung dem gegenüber, was der Christ Gott nennt und der säkulare Mensch „letzte Wirklichkeit" oder „Wahrheit" oder „Echtheit" oder „Sinn des Lebens" oder was auch immer dieser Qualität. Jedenfalls geht es grundsätzlich um das Aufsprengen der eigenen Ich-Zentriertheit, es geht um höchste Sensibilität, um Einfühlung in das Gesamt der Wirklichkeit, in das wir verwoben sind und für das wir zu zerstörerischen Krebszellen werden, wenn wir nur und ausschließlich uns selbst verwirklichen wollen und die übrige Welt als Material dafür betrachten und beanspruchen. Die Zukunft unseres Planeten wird davon abhängen, ob wir noch rechtzeitig zu dieser dialogischen Einstellung der Wirklichkeit gegenüber finden, oder ob wir die gesamte Schöpfung und mit ihr die Menschheit auf den Altären irgendwelcher vermessener Ideale und Idole opfern – oder angemessener und nicht-religiös gesagt: ob wir die Welt und uns selber um unseres kurzfristigen Lustgewinns willen buchstäblich hemmungslos verheizen.

Damit ist bereits umschrieben, was mit dem Wort „Kontemplation" gemeint ist, das in Thomas Mertons Leben und Schriften sehr oft begegnet. Vom lateinischen Wortstamm her ließe sich eine „kontemplative" Einstellung der Wirklichkeit gegenüber so deuten: uns wird bewußt, daß wir Mitbewohner („con") eines Heiligtums („templum") sind, eines wunderbar und geheimnisvoll vernetzten Kosmos, dem staunende, ehrfürchtige Verehrung gebührt.

„Kon-templation" ist also eine Andacht der Wirklichkeit gegenüber – im Gegensatz zur blinden „Aktion", die, besessen von eigenen Wahnvorstellungen, rücksichtslos zugreift und vergewaltigt.

Der „kontemplative" Mensch schaut an und horcht, tritt in ein leises Gespräch ein und entdeckt (selbst im Phänomen des Regens) immer neue Geschenke, Geheimnisse und Wunder. Der „aktive" Mensch fährt mit der brüllenden Planierraupe auf, hobelt sich sein Terrain nach Bauplan zurecht und empfindet alles, was nicht seinen vorfabrizierten Entwürfen entspricht (wozu meistens das Wetter gehört), als unverschämte Zumutung.

Das wären die beiden Extreme. Mit reiner Beschaulichkeit ließe sich unser Miteinander nicht sinnvoll und erträglich gestalten – aber reiner Aktivismus zerstört es. Was uns von-

nöten ist, wäre eine aus der Kontemplation, dem behutsa-
men Sich-Einfühlen genährte Aktivität.

Moderne „Kontemplation" ist durchaus keine bloße dilet-
tantische Feld-, Wald- und Wiesenromantik, sondern viele
Zweige unserer modernen Wissenschaft verhelfen uns zu
einer ganz neuen Empathie und Andacht zur geheimnisvol-
len Wirklichkeit und warnen uns vor vorschnellen und will-
kürlichen Eingriffen.

Wessen wir dazu auf jeden Fall bedürfen, sind „Zeiten der
Stille". Diesen Titel trägt das vorliegende Buch, und wir wol-
len solche „Zeiten der Stille" mit Thomas Merton teilen.

Zumindest einen Raum oder eine Ecke solltest du für dich
haben, wo dich niemand findet, niemand stört, niemand
beachtet. Dort solltest du die Freiheit haben, dich von der
Welt zu lösen und dich loszulassen, indem du alle feinen
Saiten und Fasern der Spannung löst, die dein Schauen, dein
Hören, dein Denken in der Gegenwart anderer Menschen
binden. Hast du einen solchen Platz gefunden, sei zufrieden
damit und sei nicht verwirrt, wenn dich ein guter Grund
davon wegruft. Liebe ihn und kehre zu ihm zurück, sobald
du kannst.

(1949: Seeds of Contemplation, 60)

Zeiten der Stille sind Zeiten besonderer Erkenntnisse und
Einsichten – aber von Erkenntnissen und Einsichten, die
sich nicht in solchen Zeiten destillieren und sozusagen ge-
brauchsfertig auf Flaschen ziehen lassen für Menschen, die
keine Neigung und keine Zeit für die Stille haben (wollen).
Gerade hier ist das Medium die Botschaft, und die Stille ver-
mittelt Wahrheiten, die sich anders nicht sagen lassen.

Indes, vielleicht kann man doch mit Worten, mit formulierten Stimmungsbildern etwas Stille und einige Früchte der Stille teilen. Das setzt allerdings Leser voraus, die nicht Informationen und Daten suchen, sondern Weisheit (ein Wort, das uns oft begegnen wird); Leser, die nicht mit dem Verstand, sondern mit dem Herzen zu lesen versuchen und die bereit sind, jene Schwingungen aufzunehmen, die in Thomas Merton vibriert haben, um ein wenig darin mitzuschwingen und allmählich ihre eigene Melodie zu entdecken und weiterzuspielen.

Gestern nachmittag ging ich in den Wald hinaus. Hinter den Buckeln, nach Westen zu, stand eine schwarze Wolkenwand, und die ganze Zeit hörte man in der Ferne Donner grollen. Es war heiß und schwül, aber aus der Richtung des Gewitters kam ein wohltuender Wind.

Zuerst hielt ich unter einer Eiche auf dem Gipfel des Hügels hinter Nally's inne. Dort saß ich und betrachtete den weiten Bogen des Tals und die sich meilenweit flach dehnenden Wälder bis zur geraden Linie des Horizonts, dort, wo sich der Rohan-Buckel erhebt.

Der Wind lief durch die sich beugenden braunen Gräser und rührte die Wipfel der grünen Bäume. Ich blickte auf die dunkle Masse der Wälder jenseits der Brennerei, auf jene Hügel im Süden von uns, und es wurde mir klar, daß ich unter Menschen einsam bin, wenn ich aber allein bin, so bin ich nicht mehr einsam.

Von dem Hügel aus sah Gethsemani wunderschön aus. In seiner Umgebung wirkt es viel sinnvoller. Wir verstehen unseren eigenen Rahmen nicht, wie wir es sollten. Es ist wichtig zu wissen, an welche Stelle im Angesicht der Erde man hingestellt ist. Physisch liegt das Kloster in großer Einsamkeit. Vom geographischen Gesichtspunkt aus hat man nichts zu klagen. Ein oder zwei Häuser in einer Entfernung von anderthalb Meilen, und dann nur Wälder und Weiden und Gründe und Kornfelder und Hügel auf Meilen im Umkreis.

Ich hatte eine dunkle Vorstellung, daß jenseits des Feldes, das wir Hicks Haus nennen, obwohl dort seit Jahren kein Haus mehr steht, ein hübscher Platz sei. So ging ich zu der Kälberweide jenseits des St. Malachias-Feldes am Fuße des Hügels, wo die richtigen Wälder anfangen. Es ist eine Art *cova*, wo die Mutter Gottes erscheinen könnte. Von dort sind wir damals aufgebrochen, um zu dem Waldbrand zu gelangen, den wir an Allerheiligen vor zweieinhalb Jahren bekämpft haben.

Es war still wie im Garten Eden. Ich saß auf einer hohen Böschung unter jungen Kiefern und blickte über diese Schlucht. Direkt unter mir war ein ausgetrocknetes Flußbett mit sauberen Tümpeln, die wie Glas zwischen dem Schiefergestein des Flusses lagen, und der Schiefer war so weiß und verschrumpelt wie Schiffszwieback. Aus der Schlucht herauf tönte Gesang wunderbarer Vögel. In einem Baum sah ich die goldorangenfarbene Flamme eines Pirols. Pirole sind zu scheu, um in die Nähe des Klosters zu kommen. Irgendwo flötete ein Kardinal, aber das Schönste war der Gesang von zwei Vögeln, herrlich wie der von Nachtigallen; der Widerhall tönte durch den Wald. Ich kann nicht sagen, was für Vögel es waren. Ich habe solche nie zuvor gehört. Das Echo ließ den Ort noch entlegener erscheinen, noch abgeschlossener, noch vollständiger umfriedet, noch mehr wie Eden.

Inzwischen türmten sich die schwarzen Wolken über der Schlucht auf und ich wanderte zu der Stelle hinüber, wo am Eingang zu der Wildnis ein Schuppen steht, ein Unterschlupf für die Kälber bei kaltem Herbstwetter. Doch es regnete nicht.

Ich blickte zu den Kiefern auf und zu dem schwarzen Dunst, der am Himmel brütete, aber nichts ließ dieses Tal weniger friedvoll, weniger als eine Stätte der Freude erscheinen.

Auf dem Heimweg wandte ich mich dem Unwetter entgegen und sah es nordostwärts wandern, an den Buckeln entlang, aber auf ihrer anderen Seite. Es folgte der Linie der Green River-Landstraße, weit drüben jenseits unserer Grenze in den Wäldern und zog von New Haven nach Bardstown. Ich kam unmittelbar nach dem ersten Vesperläuten heim. Erst als wir zur ersten Vesper vom Fest des Heiligsten Herzens im Chor waren, fing es an zu regnen. Und selbst dann regnete es nicht viel.

(27. 6. 1949, in: Das Zeichen des Jonas, 211–213)

Ihr Blumen und Bäume, ihr Hügel und Ströme, ihr Felder, Herden und wilden Vögel, ihr Bücher, ihr Gedichte, und ihr Menschen, mitten unter euch bin ich unsagbar allein. Der unvernünftige Hunger, der manchmal bis auf den Grund meines Willens dringt, versucht, mein tiefstes Ich von Gott abzuwenden und es auf die Liebe zu euch zu lenken. Ich versuche, euch mit dem tiefen Feuer anzurühren, das in meinem innersten Herzen brennt, aber ich kann euch nicht anrühren, ohne euch wie mich zu besudeln, und ich bin beschämt, einsam und hilflos, umringt von einer Schönheit, die mir niemals zu eigen gehören kann.

Diese Traurigkeit aber erzeugt in mir eine unaussprechliche Ehrfurcht vor der Heiligkeit der geschaffenen Dinge, denn sie sind rein und vollkommen, sie gehören Gott und sind Spiegel Seiner Schönheit. Er spiegelt sich in allem, wie

30

das Sonnenlicht im klaren Wasser. Versuche ich aber, das Licht zu trinken, das im Wasser ist, zerbreche ich nur das Spiegelbild.

Und so lebe ich allein und mich selbst bewahrend mitten in der heiligen Schönheit alles Geschaffenen, wissend, daß nichts, was ich sehen oder hören oder berühren kann, mir je gehören wird, beschämt von dem sinnlosen Bedürfnis, mich an eines davon oder an alle zu verschenken. Das törichte, hoffnungslose Verlangen, mich an alle Schönheit hinzugeben, zehrt mir am Herzen. Es ist ein unwürdiges Sehnen, aber ich kann nicht davon lassen. Es ist in unser aller Herzen, wir müssen Nachsicht damit haben, seine Forderungen geduldig ertragen, bis wir sterben und in den Himmel eingehen, wo alles uns im höchsten Sinne gehören wird.   (14. 9. 1949, in: Das Zeichen des Jonas, 249 f.)

Gestern war es warm und wolkenverhangen und windig, aber friedlich. Ich hatte so ein Gefühl, als würde der Tag zu irgendeiner tiefen Entscheidung führen. Einer wortlosen Entscheidung, einer Hingabe meiner tiefsten Wesenheit. Es gibt eine Bekehrung des tiefen Willens zu Gott, die sich nicht in Worten vollziehen läßt, kaum in einer Geste oder Zeremonie. Es ist eine Bekehrung des tiefen Willens und eine Übergabe meiner Wesenheit, die zu geheimnisvoll für die Liturgie ist und zu privat. Es ist etwas, das nur in einer klaren Verschwiegenheit vor sich gehen kann, die vor allen Dingen jede Mitteilung an andere ausschließt, es sei denn als etwas ganz Neutrales.

Ich werde Zeit und Ort dieser Freiheit und Neutralität, die sich nicht niederschreiben läßt, in der Erinnerung behalten. Diese niedrigen Wolken über dem Horizont, diese Adern von hartem, gelbem Gestein im Wege, das offene

31

Tor, der perspektivische Anblick der Zaunpfosten, die zum Himmel aufzusteigen schienen, die großen Zedern, vom Winde geschüttelt und gezaust. Das Stehen auf Felsen. Ganz gegenwärtig. Die Realität der Gegenwart und Einsamkeit, losgelöst von Vergangenheit und Zukunft. Gesammeltsein in Klarheit und Schweigen und Gott gehören und keinen anderen etwas angehen. Ich wünschte, ich könnte die Freiheit dieser inneren Entscheidung wiederfinden, die sehr schlicht war und die, wie mir scheint, ein Blankoscheck und ein Versprechen war.

Um Gott zu gehören, muß ich mir selber gehören. Ich muß allein sein, wenigstens innerlich allein. Das bedeutet die ständige Erneuerung einer Entscheidung. Ich kann nicht Menschen gehören. Nichts von mir gehört irgend jemand als Gott. Absolute Einsamkeit der Phantasie, des Gedächtnisses, des Willens. Meine Liebe für alle ist gleichmäßig, neutral und rein. Keine Ausschließlichkeit. Einfach und frei wie der Himmel, weil ich alle liebe und keinem gehörig, durch keinen gefesselt oder gebunden bin. Damit niemand sich meiner erinnert oder gar nach mir verlangt, muß ich ein Mensch sein, den niemand kennt. Sie können Thomas Merton haben. Er ist tot. P. Louis – der ist auch schon halb tot. Ich aber – mein Name ist der Himmel hier, diese Zaunpfosten, diese Zedern. Ich will nicht einmal darüber nachsinnen, wer ich bin, und ich werde nicht sagen, meine Identität ginge keinen etwas an, weil darin eine Schroffheit liegt, die ich nicht beabsichtige. Das ist ohne Bedeutung.

Nun ist das mein ganzes Leben – mich frei zu erhalten. Dem Winde gehören die Felder, durch die ich gehe, und mir gehört nichts, und ich bin keinem gehörig. Ich kann nicht einmal vergessen werden, weil mich nie jemand entdecken wird. Das ist für mich eine Quelle unendlicher Zuversicht.

(22. 12. 1949, in: Das Zeichen des Jonas, 263 f.)

IM ALLEINSEIN FREI WERDEN

Der gerade erwähnte „P(ater) Louis" ist Thomas Merton selbst. Das war sein Name im Kloster. Aber bekannt geworden und geblieben ist er unter seinem bürgerlichen Namen.

Geboren 1915 als Kind eines Künstlerehepaars – der Vater Neuseeländer, die Mutter Amerikanerin – in den französischen Pyrenäen, hatte er nie Heimat und Geborgenheit erfahren. Allein 1916 lebten seine Eltern an vier verschiedenen Orten in den USA. Mit sechs Jahren verlor er die Mutter und bummelte von da an mit seinem Vater durch die Welt: 1922 auf den Bermudas, 1923 in den USA, 1925 in Frankreich, 1928 in England. Als er sechzehn Jahre alt war, starb sein Vater. Thomas bereiste Italien, die USA und England. 1934 kam er endgültig in die USA und studierte 1935 bis 1939 an der Columbia University in New York moderne Sprachen und Literatur und begann seine ersten Aufsätze und Rezensionen zu veröffentlichen. In diese Zeit fällt sein Ringen um eine klare Weltanschauung. Kurz war er Mitglied der Kommunistischen Partei. 1938 konvertierte er zur katholischen Kirche, mit deren geistiger Welt er auf seinen Reisen in katholischen Ländern (zum Beispiel in Italien und Kuba) und während seines Literaturstudiums bekannt geworden war. Ab 1939 unterrichtete er an der St. Bonaventure's University der Franziskaner Englisch, und am 10. Dezember 1941 trat er in das Trappistenkloster Gethsemani bei Louisville in Kentucky ein.

Der Orden der Trappisten gilt zusammen mit demjenigen der Kartäuser als der am konsequentesten „kontemplative"

Orden der katholischen Kirche. Die Mönche leben in radika-
ler Absonderung von der übrigen Welt in einsam gelegenen
Klöstern, versorgen sich selbst als eine Art autarkes Dorf von
ihrer Hände Arbeit und widmen einen großen Teil ihrer
straff regulierten Zeit dem gemeinsamen Psalmengebet in
der Kirche und dem Lesen und Meditieren; der Tag beginnt
um 2.15 Uhr und endet um 19.00 Uhr, im Sommer eine
Stunde später. Das alles spielte sich zu Mertons Zeiten in
einem extrem kollektivierten Leben ab – es gab keine einzel-
nen Zellen, sondern nur Lese-, Eß- und Schlafsäle, und auch
die Arbeit wurde meist gruppenweise verrichtet –, so daß
man physisch nie allein war. Das Element des psychologi-
schen Alleinseins wurde durch eine rigorose, gelegentlich
bis ins Bizarre gehende Schweigedisziplin gewährleistet. Die
extreme Einfachheit und das Klima des Schweigens zogen
Thomas Merton besonders an.

Das Beste für mich ist klare Stille, die sich nicht einmal
einbildet, zu irgend jemand zu sprechen. Eine Stille, in der
ich keinen Gesprächspartner sehe, für niemand eine Mitteilung ersinne, kein Wort formuliere, weder für Menschen
noch für das Papier. Es wird noch reichlich genug zu sagen
sein, wenn die Zeit zum Schreiben kommt, und was ich
schreibe, wird schlichter und fruchtbarer sein.

(24. 12. 1949, in: Das Zeichen des Jonas, 269)

Ich suche kein Gesicht, ich sammle keine Erfahrung, keine
Erinnerung. Alles, was ich hier aufschreibe, ist nur zur persönlichen Orientierung wegen meiner ständigen Abwei-
chung von der Einsamkeit. Es soll mich erinnern, wie ich
heim finde. Damit ich nicht wie der Mann bin, der in den

Spiegel schaute und sogleich vergaß, was für ein Mensch er war. Dennoch werde ich nicht in der Weise meiner eingedenk bleiben, daß ich des Menschen gedenke, der ich nicht bin.

Da ich die Einsamkeit wieder entdecke, wird das Chorgebet von neuem schwierig. Neulich aber – Dienstag beim Nachtoffizium – wurde mir der 54. Psalm ungeheuer bedeutungsvoll. Ich hatte das Gefühl, etwas zu singen, was ich selbst geschrieben hatte. Es ist mehr mein eigen als irgendeines meiner eigenen Gedichte.

Cor meum conturbatum est in me, et formido mortis cecidit super me.
Timor et tremor venerunt super me, et contexerunt me tenebrae:
Et dixi: quis dabit mihi pennas sicut columbae, et volabo, et requiescam?
Ecce, elongavi fugiens, et mansi in solitudine.
Exspectabam eum, qui salvum me fecit a pusillanimitate spiritus, et tempestate.
(Mein Herz ist verwirrt in mir,
und Todesangst ist über mich gefallen.
Furcht und Zittern wandeln mich an,
und Finsternis bedeckt mich.
Und ich sprach: wer gibt mir Flügel gleich einer Taube,
daß ich fortfliege und Ruhe finde?
Siehe, in weite Ferne bin ich entflohen,
und ich hause in der Wüste.
Ich harre auf Ihn, der mich errettet
aus dem Kleinmut des Geistes und dem Sturme.
Psalm 55, 5–9)

Furcht ist es, die mich in die Einsamkeit treibt. Die Liebe hat mir Tropfen des Schreckens in die Adern geträufelt, und sie erkalten in mir, und plötzlich machen sie mich schwach vor Angst, weil mein Herz und meine Phantasie sich von Gott abwenden und ihrem eigenen privaten Götzendienst zustreben. Meine Schlechtigkeit läßt mich körperlich schwach werden und innerlich gerinnen wegen des Widerspruchs zwischen meiner Natur und meinem Gott. Ich bin erschöpft von Furcht.

(22. 12. 1949, in: Das Zeichen des Jonas, 265)

In den beiden letzten Texten werden die zwei Themen angedeutet, die Thomas Mertons Leben entscheidend geprägt haben: das Schreiben und die Einsamkeit. Sein Abt erkannte und förderte sein schriftstellerisches Talent und ermutigte ihn, die Geschichte seiner Bekehrung zum Mönchsleben aufzuzeichnen. Sie erschien 1948 als „The Seven Storey Mountain" („Der Berg der Sieben Stufen"), wurde ein Weltbestseller und begründete Mertons Ruhm als Schriftsteller. Im Lauf von zwanzig Jahren war er in seiner Stille ungeheuer fruchtbar: er verfaßte knapp 60 Bücher und über 300 Aufsätze; gleichzeitig hielt er den Novizen des Klosters Unterricht und den „Scholastikern", den Brüdern, die sich im Theologiestudium auf die Priesterweihe vorbereiteten, Vorlesungen.

Schon der Schriftsteller braucht ein gerütteltes Maß an Stille und Alleinsein, denn „jedes gute Buch schreibt sich von selbst, man darf es nur nicht dabei stören" (Patricia Highsmith). Erst recht sehnte sich der geistliche Sucher in Merton nach Stille und Alleinsein – und fand es viel zu wenig im durchprogrammierten Tageslauf des Trappistenklosters, in den stundenlangen Chorgebetszeiten, im nahezu

*unentrinnbaren Leben im Kollektiv. Zeitweise wurde er da-
durch regelrecht physisch krank und genoß die Tage der Ge-
nesung in einem Krankenzimmer der Abtei.*

Verschiedene Grade von Tiefe:

Da ist zuerst die leicht bewegte Oberfläche des Meeres.
Hier ist Handlung. Ich mache Pläne. Sie schaukeln im Kiel-
wasser von anderer Menschen Verkehr: vorübergleitende
Dampfer. Ich spreche zu den Scholastikern. Ich fasse Vor-
sätze, weniger unbesonnen zu sprechen, weniger Dinge zu
sagen, die mich und sie überraschen. Woher tauchen sie
auf?

Zweitens ist da die Dunkelheit, die entsteht, wenn ich
die Augen schließe. Hier schwimmen die großen blauen
purpurnen, grünen und grauen Fische vorüber. Wunderbar
schöne und friedliche Dunkelheit – ist es die Höhle meines
inneren Seins? In dieser Wasserhöhle kann ich leben, wann
immer ich will. Nur dumpfe Geräusche der Welt erreichen
mich. Manchmal treibt ein untergegangenes Faß in den
Raum. Große, graugrüne Fische mit Silber unter den purpurnen Schuppen. Sind das die Dinge, die die Blinden täglich sehen? Ich schließe die Augen vor der Sonne und lebe
auf der zweiten Stufe, in naturhaftem Gebet, in Frieden.
Wenn ich müde bin, ist es fast Schlummer. Kein Laut. Bald
sind sogar die Fische verschwunden. Nacht, Nacht. Nichts
rührt sich. Würde man eine Theorie daraus machen, so
würde man beim Quietismus landen. Ich sage nichts weiter
darüber, als daß es trostreich ist. Es ist Ruhe. Ich öffne
meine Augen halb zu der Sonne und preise den Herrn der
Herrlichkeit. Siehe, so bin ich aus dem leeren Abgrund wieder aufgetaucht und betrete von neuem die Muschelstädte
der Genesis. Farne und Fische kehren zurück. Liebliche,

dunkelgrüne Dinge. In der Tiefe der Wasser Friede, Friede, Friede. Das ist die zweite Stufe der Wasser unter der Sonne. Wir beten dort und lassen uns leicht mit den Fischen wiegen.

Worte, glaube ich, tauchen aus dieser zweiten Stufe nicht auf. Sie sind nur bestimmt, um dort unterzugehen.

Fragen der Vergesellschaftung berühren diese Wasser nicht. Sie sind niemandes Eigentum. Tiernatur. Geschütztes Wild. Paradies. Keinerlei Fragen stören je ihre heilige Botanik. Neutrales Territorium. Niemands See.

Dritte Stufe. Hier gleitet wirkliches Leben durch das satte Dunkel, das nicht mehr dick ist wie Wasser, sondern klar wie Luft. Sternenlicht, und du weißt nicht, woher es kommt. Mondlicht ist in diesem Gebet, Schweigen, das auf den Erlöser harrt. Mauern, die tief in der Nacht vor Horizonten wachen. *In velamento diei et in luce stellarum nocte* (ein Schirm am Tage und Sternenleuchte bei Nacht, Weisheit 10, 17). Alles ist Erkenntnis, obwohl alles Nacht ist. Hier gibt es keine Spekulation. Hier ist Wachsamkeit. Das Leben selbst ist in seiner eigenen geläuterten Tiefe Reinheit geworden. Alles ist Geist. Hier wird Gott angebetet. Sein Kommen wird erkannt. Er wird empfangen, sobald Er erwartet wird, und weil Er erwartet wird, wird Er empfangen. Aber Er ist rascher vorübergegangen, als Er erschien, Er war vorüber, ehe Er kam. Er ist wieder gekommen für immer. Er ist nie vorübergegangen, und schon ist Er entschwunden für alle Ewigkeit. Er ist und Er ist nicht. Alles und Nichts. Nicht hell, nicht dunkel, nicht hoch, nicht niedrig, nicht auf dieser Seite noch auf jener. Für immer und ewig. Im Winde Seines Vorübergangs rufen die Engel: „Der Heilige ist entschwunden." Darum liege ich tot im Lufthauch ihrer

Schwingen. Leben und Nacht, Tag und Dunkel, zwischen Leben und Tod. Dies ist der heilige Keller meines irdischen Daseins, das sich in den Himmel öffnet. Es ist ein seltsames Erwachen, wenn man den Himmel in sich und über sich und rings um sich findet, so daß der eigene Geist eins ist mit dem Himmel und alles wirkliche Nacht ist.

Hier brennt die Liebe in unschuldiger Flamme, in reinem Verlangen nach Tod: Tod ohne Süße, ohne Leiden, ohne Erklärung, ohne Zuordnung und ohne Scham. Reiner Tod durch das Schwert des Geistes, in dem Erkenntnis ist. Und alles richtig. Sichtbarwerden und Freiwerden.

(26. 2. 1952, in: Das Zeichen des Jonas, 349–351)

Die amerikanischen Trappistenklöster erlebten in den zwei Jahrzehnten nach dem Zweiten Weltkrieg einen unglaublichen Ansturm an Kandidaten für das Mönchsleben. Mertons Abtei Gethsemani schwoll auf bis zu 270 Mönche an und nahm in einem einzigen Jahr 150 Novizen auf. In rascher Folge mußten Neugründungen unternommen werden, um das übervölkerte Haus zu entlasten; monatelang wurden Armeezelte im Innenhof des Klosters und Tischreihen in den Kreuzgängen aufgestellt, um die Novizen unterbringen zu können. So gab es kaum einen einsamen Winkel im Haus, und die Situation war im Grunde nicht sehr viel anders, ja schlimmer als in der „Welt draußen", aus der die Mönche in die Stille hatten fliehen wollen. Wer gelegentlich allein sein wollte, konnte das lediglich in den (in amerikanischen Klöstern großflächigen) Liegenschaften um das Kloster finden, die zum Klausurbereich zählten, oder es boten sich einsame Aufgaben wie die des nächtlichen Feuerwächters in der Sommerhitze von Kentucky an. Merton verstand solche Gelegenheiten sehr intensiv und fruchtbar zu nutzen.

WACHEN IN DER STILLE DER NACHT

Feuerwache – 4. Juli 1952

Wächter, wie weit in der Nacht?

Die Nacht, o Herr, ist eine Zeit der Freiheit. Du hast den Morgen und die Nacht gesehen, und die Nacht war besser. In der Nacht haben alle Dinge ihren Anfang genommen, und in der Nacht ist das Ende aller Dinge mir vor Augen getreten.

In den nächtlichen Strömen getauft, hat Gethsemani seine Unschuld wiedergewonnen. Die Dunkelheit schafft einen Schein von Ordnung, bevor alle Dinge verschwinden. Die Uhr um die Schulter geschlungen, bin ich in der Stille des 4. Juli an der Reihe, der Nachtwächter zu sein, in diesem Hause, das eines Tages zugrunde gehen wird.

Auf folgende Weise spielt es sich ab, wenn ich auf Feuerwache gehe:

Vor acht Uhr sind die Mönche im Bauch der großen Hitze zusammengepfercht und singen zur Mutter Gottes empor wie Verbannte, die in die Sklaverei fahren, in der Hoffnung auf Ehre. Der Abend-Angelus schließt die Kirche auf und gibt sie frei. Das heilige Ungeheuer, das die Gemeinschaft ist, spaltet sich in Teile und zerstreut sich durch luftlose Kreuzgänge, wo gelbe Lampen nicht die Insekten anziehen.

Die Uhr und die Pantoffeln für den Wächter werden zusammen mit einer Taschenlampe und den Schlüsseln für die verschiedenen Räume in einem Kasten am Fuß der Treppe zur Krankenabteilung verwahrt.

Geräusche hinter mir und über mir und rings um mich künden, daß die Patres einzeln in verschiedenen Dormitorien schlafen gehen. Wo es kaltes Wasser gibt, halten einige sich noch auf, um aus Zelluloidbechern zu trinken. So bekämpfen wir die Hitze. Ich nehme die schwere Uhr und schlinge sie mir an ihrem Riemen über die Schulter. Auf meinen leisen Sohlen gehe ich zum nächsten Fenster. Draußen vor dem Fenster im dunklen Garten sitzend rezitiere ich die zweite Nokturn vom Samstag. Das Haus beginnt zu verstummen.

Ein verspäteter Pater, mit trockenen Kleidern zum Wechseln über der Schulter, bleibt stehen, um aus dem Fenster zu schauen, und tut erschrocken, als er mich im Dunkeln an der Ecke sitzen sieht, wie ich beim gelben Licht des Fensters das Brevier halte und die Samstags-Psalmen rezitiere.

Es dauert zehn oder fünfzehn Minuten, bis keine Schritte mehr durch die Kreuzgänge hallen, die Treppen hinaufschlürfen. (Wenn man verspätet in die Dormitorien kommt, muß man die Schuhe ausziehen und den Weg zu seinem Bett in Socken gehen, als ob die anderen schon schliefen bei solchem Wetter!)

Um acht Uhr fünfzehn sitze ich im Dunkeln. Menschengeräusche sind verstummt. Dann fange ich an, die beredte Nacht zu vernehmen, die Nacht der feuchten Bäume, mit dem Mondlicht, das in dunstigen Schwaden nachlassender Hitze über den Rumpf der Kirche gleitet. Die Welt dieser Nacht erdröhnt vom Himmel zur Hölle von animalischer Beredsamkeit, von der brutalen Unschuld von Millionen unbekannter Geschöpfe. Während die Erde sich entspannt

41

und abkühlt wie ein riesiges, feuchtes, lebendiges Wesen, stampft und klingt und pocht und schallt die ungeheure Vitalität ihrer Musik, bis sie alles erfüllt und die ganze Welt mit ihrer unpersönlichen Raserei überschwemmt, die doch niemals zur Orgie wird, weil alle Dinge unschuldig, alle Dinge rein sind. Ich würde auch nicht die Möglichkeit des Bösen erwähnt haben, wenn ich mich nicht erinnerte, wie die Hitze und die wilde Musik lebender Wesen die Menschen, wenn sie nicht in Klöstern sind, verrückt machen und sie zu Handlungen treiben kann, von denen die Welt vergessen hat, wie bejammernswert sie sind. Darum benehmen sich manche Menschen, als ob die Nacht und der Wald und die Hitze und die Tiere einen Ansteckungsstoff in sich trügen, während doch die Hitze heilig ist und die Tiere Kinder Gottes sind, und die Nacht nicht geschaffen wurde, um Sünde zu verbergen, sondern nur, um der Liebe unendliche Räume zu eröffnen und unsere Seelen zum Spielen über die Sterne hinaus einzuladen.

Acht Uhr dreißig. Ich beginne meine Runde im Keller des Südflügels. Der Raum ist voll nackter Drähte und stinkt nach den Häuten geschlachteter Kälber. Meine Füße gehen auf einem Boden von Erde eine lange Katakombe hinunter, an deren Ende sich eine funkelnagelneue verschlossene Tür zum Gästeflügel befindet, der erst kürzlich vollendet wurde. Ich steche die Uhr in der Katakombe zum erstenmal, und die Feuerwache ist in Gang.

Um eine Ecke ist ein Loch in der Mauer mit einem Faß, in dem Früchte aufbewahrt werden. Unter diesem Faß hat Dom Frederic mich beauftragt, alle Briefe zu verbrennen, die sich in den Schubfächern des Raumes befanden, wo er als Prior gehaust hatte. Um eine andere Ecke steht ein alter Ofen, in dem ich die übrigen Papiere aus demselben Raum verbrannt habe. In dieser modrigen Stille, die nicht mehr nach Wein riecht (weil die Weinkellerei sich jetzt in einem anderen Gebäude befindet), malt die Taschenlampe einen kleinen, flinken Tennisball auf die Wände und den Fußboden. Jetzt ist Zement unter den Katzenfüßen des Wächters, und das Mondlicht fällt durch die Fenster auf eine dunkle Stelle mit Krügen von Backpflaumen und Apfelmus auf allen Regalen.

Plötzlich aber stößt man nach der alten, dumpfen Katakombe auf etwas schwindelerregend Neues: die Küche, von den Novizenbrüdern gemalt, jede Wand in einer anderen Farbe. Ein paar Mönche haben sich über die verschiedenfarbigen Wände beklagt, aber ein Wächter hat keine Meinung. Fliesen sind unter den blinkenden Gefäßen und ein Spruch dicht unter der Decke: „Kindlein, liebet einander!"

In der Spülküche sind blaue Bänke, und dieser Raum ist kühl. Wenn man lautlos die Treppe hinaufsteigt, kommt manchmal ein Bruder noch spät von den Ställen durch die Küchentür herein und prallt in der Dunkelheit, von der Taschenlampe geblendet, aus Versehen mit einem zusammen. Wahrscheinlich wird er (falls ein Novize) zu Tode erschrecken.

Ein paar Schritte weit ist der Weg höchst vertraut. Ich bin im kleinen Kreuzgang, der die Hauptstraße des Klosters bildet. Er führt von den Räumen, wo die Mönche wohnen, zu den Räumen, wo sie beten. Jetzt aber ist er leer, und wie alles wirkt er viel hübscher, wenn niemand dort ist. Die Stufen zur Schneiderwerkstatt hinunter haben einen anderen Klang. Sie dröhnen unter meinen Gummisohlen. Geruch von Segeltuch und Kattun dringt mir entgegen, vermischt mit Brotgeruch. In der Bäckerei ist Licht, und um die Ecke arbeitet noch jemand spät hinter dem Backofen. Ich steche die Uhr an der Backstubentür: es ist die zweite Station.

Die dritte Station ist die heißeste: der Heizungsraum. Diesmal dröhnen die Stufen nicht, sie klingen: sie sind aus Eisen. Ich bahne mir einen Weg durch einen Dschungel von nassen, in der Hitze zum Trocknen aufgehängten Kleidern und steige an dem Heizkessel entlang zur dritten Station hinab, wo der Kontrollkasten unter einem Stich des Heiligen Antlitzes an der Mauer hängt.

Dann bin ich im Chor der Novizen. Auch hier ist es heiß. Der Raum ist gefegt und frisch gestrichen, und Anschlagtafeln sind an jeder Biegung des kleinen gewundenen Korridors, wo jede blaue Tür den Namen eines Heiligen trägt. Lange Listen von Zeitangaben für die Beichten und die geistliche Unterweisung der Novizen. Sprüche aus der Liturgie. Bruchstücke strenger und notwendiger Information. Aber die Mauern des Gebäudes haben ihren eigenen muffigen Geruch, und plötzlich erstehen meine ersten Tage im Orden vor mir, der eisige, hartnäckige Winter, als ich zuerst den Habit empfing und immer erkältet war, der Geruch von gefrorenem Stroh im Dormitorium unter der Kapelle und die tiefe, unverhoffte Entzückung von Weihnachten – jenes erste Weihnachten, an dem man auf der Welt nichts mehr hat als Gott!

Erst wenn du das Noviziat betreten hast, wird es mit der Feuerwache ernst. Allein, schweigend, auf deinen vorgeschriebenen Rundgängen durch die Korridore eines riesigen schlafenden Klosters, biegst du um die Ecke und findest dich Auge in Auge mit deiner mönchischen Vergangenheit und dem Geheimnis deiner Berufung.

Die Feuerwache ist eine Gewissenserforschung, in der deine Aufgabe als Wächter plötzlich im wahren Licht erscheint: ein von Gott erfundener Vorwand, um dich zu vereinzeln und um deine Seele in tiefster Dunkelheit mit Lampen und Fragen zu durchforschen.

Gott, mein Gott, dem ich im Dunkel begegne, mit Dir ist es immer das gleiche! Immer die gleiche Frage, auf die ich keine Antwort weiß!

Bei Tage habe ich zu Dir gebetet mit Überlegung und Vernunftgründen, und nachts bist Du mir entgegengetreten und hast Überlegung und Vernunft zerstört. Morgens bin ich zu Dir gekommen mit Licht und mit Verlangen, und Du bist mit großer Güte, mit nachsichtigem Schweigen zu mir herabgestiegen in dieser unergründlichen Nacht und hast das Licht zerstreut, alles Verlangen zerschlagen. Hundertmal habe ich Dir meine Gründe für den Eintritt ins Kloster erklärt, und Du hast gehört und nichts gesagt, und ich habe mich abgewandt und vor Scham geweint.

Ist es wahr, daß alle meine Gründe nichts bedeuteten? Ist es wahr, daß all mein Verlangen Täuschung war?

Während ich Fragen stelle, auf die Du nicht antwortest, fragst Du mich etwas so Einfaches, daß ich nicht antworten kann. Ich verstehe die Frage nicht einmal.

Heute nacht und jede Nacht ist es die gleiche Frage.

Eine besondere, lebendige Resonanz liegt in diesen steilen, hohen Stufen zur Noviziats-Kapelle, wo Du ganz allein bist, die Fenster dicht um Dich geschlossen, die Dich mit der Hitze des verlorenen Nachmittags einsperren.

Als Novize pflegte ich im Winter nach dem Mittagessen, schwer von Schläfrigkeit und von Kartoffeln, hierher zu kommen und die ganze Zeit zu knien, weil es der einzige Tagesabschnitt war, wo wir tun durften, was uns gefiel. Nichts hat sich jemals ereignet. Doch das war es, was mir gefiel.

Hier mühten sich an Sonntagvormittagen eine Menge von uns, den Kreuzweg zu beten, wobei wir uns gegenseitig in den Bänken stießen, und an Tagen der Sammlung im Sommer pflegten wir den ganzen Nachmittag hier zu knien, und der Schweiß rann uns die Rippen herunter, während Kerzen rings um das Tabernakel brannten und das verschleierte Ziborium scheu auf der Schwelle stand und zwischen Vorhängen nach uns ausspähte.

Und nun stehe ich hier in der Nacht, mit dieser riesigen Uhr, die auf meiner rechten Hüfte tickt, die Taschenlampe in der Hand und Pantoffeln an den Füßen, und habe das Gefühl, als sei alles unwirklich gewesen, als hätte die Vergangenheit nie existiert. Die Dinge, die ich für so wichtig hielt – wegen der Anstrengung, die ich auf sie verwandte – haben sich als geringfügig erwiesen. Und die Dinge, an die ich nie gedacht habe, die Dinge, die ich weder zu ermessen noch zu erhoffen vermochte, das waren die Dinge, auf die es ankam.

(Es gab einen Mann, der an Sommermorgen den Rückweg singend dahinging, mitten in der Danksagung der Novizen nach der Kommunion. Er sang sein eigenes privates Lied, täglich das gleiche. Es war die Art von Lied, wie man sie draußen auf dem Lande zu hören erwartet, in den Hügeln von Kentucky.)

Doch in dieser Dunkelheit hier vermöchte ich nicht mit der Gewißheit zu sagen, was es war, worauf es ankam. Das ist vielleicht ein Teil Deiner unbeantwortbaren Frage! Ich besinne mich nur noch auf die Hitze im Bohnenfeld während meines ersten Junimonats hier, und mich überkommt das gleiche Gefühl eines geheimnisvollen, ungeahnten Wertes, das mich nach P. Alberics Beerdigung überraschte.

Nach dem Noviziat kehre ich in den kleinen Kreuzgang zurück. Bald stehe ich auf der kühlsten Station: unten, im Waschraum der Brüder, an der Tür des Keramik-Studios. Durch die großen, weit offenen Fenster strömen kühle Winde vom Walde herein.

Dies ist eine andere Welt mit einer anderen Reihe von

Assoziationen. Das Keramik-Studio ist etwas relativ Neues. Hinter der Tür (wo sie einen Ofen ausbrennen ließen und einen neuen kauften) hat der kleine P. Johannes von Gott plötzlich ein gutes Kruzifix gemacht, gerade vor einer Woche. Er ist einer meiner Scholastiker. Und ich denke an den Christus aus Ton, der aus seinem Herzen heraus kam. Ich denke an die Schönheit und Einfalt des Pathos, das dort schlummerte und darauf wartete, Gestalt zu werden. Ich denke an dieses einfältige und geheimnisvolle Kind und an alle meine anderen Scholastiker. Was soll in allen ihren Herzen geboren werden? Leiden? Enttäuschung? Heroismus? Niederlage? Frieden? Verrat? Heiligkeit? Tod? Herrlichkeit?

Von allen Seiten bin ich von Fragen umdrängt, die ich nicht beantworten kann, weil die Zeit zum Antworten noch nicht gekommen ist. Zwischen dem Schweigen Gottes und dem Schweigen meiner eigenen Seele steht das Schweigen der mir anvertrauten Seelen. Versenkt in dieses dreifache Schweigen begreife ich, daß die Fragen, die ich mir ihretwegen stelle, vielleicht nicht mehr sind als eine Mutmaßung. Und der dringendste und zweckmäßigste Verzicht ist vielleicht der Verzicht auf alle Fragen.

Das Quälendste an der Feuerwache ist, daß man Gethsemani nicht nur der Länge und Höhe nach durchwandert, sondern auch der Tiefe nach. Man trifft auf seltsame Höhlen in der Geschichte des Klosters, Schichten, die sich in Jahren gebildet haben, geologische Lagen. Man kommt sich vor wie ein Archäologe, der antike Kulturen ausgräbt. Das Schreckliche aber ist, daß man selber diese antiken Kulturen durchlebt hat. Das Haus hat sich so sehr gewandelt, daß zehn Jahre so viel Verschiedenes zu bedeuten haben wie zehn ägyptische Dynastien. Die Bedeutungen stecken in den Mauern. Sie murmeln in dem Fußboden unter den

Gummisohlen des Wächters. Die tiefste Schicht ist zugleich in der Katakombe unter dem Südflügel und im Kirchturm. Alle anderen historischen Stufen liegen dazwischen.

Die Kirche. Trotz der Stille scheint der riesige Raum lebendig. Schatten regen sich überall, rings um den kleinen unsicheren Lichtkreis, den das Licht vom Allerheiligsten auf die Evangelienseite des Altars wirft. Schwache Geräusche sind im Dunkel zu hören, das leere Chorgestühl knarrt, und unsichtbare Bretter seufzen geheimnisvoll.

Die Stille der Sakristei hat ihr eigenes Geräusch. Ich lasse den Lichtstrahl auf den Altar des hl. Malachias und auf die Reliquienschreine gleiten. Auf dem Altar Unserer Lieben Frau vom Siege sind die Gewänder für meine morgige Messe zurechtgelegt. Wieder rasseln Schlüssel in der Tür, und das Rasseln schallt durch die ganze Kirche. Als ich zum erstenmal Feuerwache hatte, dachte ich, die Kirche wäre voller Menschen, die im Dunkeln beteten. Aber nein. Die Nacht ist erfüllt von unaussprechlichem Gemurmel, die Mauern von wandernden Geräuschen, die, Stunden nach irgendeinem Geschehen, zu erwachen und zurückzukehren scheinen, um es an den Stellen zu beschwatzen, wo es geschehen ist.

Was sich dir da im Dunkeln naht, ist zu einfach und zu eng umgrenzt, um sich darüber aufzuregen. Es ist allen Dingen selbstverständlich, nachts ein unvermutetes Leben zu entfalten. Aber dieses Leben ist illusorisch und unwirklich. Die Illusion von Geräusch vertieft nur die unermeßliche Substanz Deines Schweigens.

Hier, an dieser Stelle, wo ich meine Gelübde abgelegt habe, wo meine Hände zum heiligen Opfer gesalbt wurden, wo ich durch Dein Priestertum die Tiefen und inneren Höhen meines Wesens habe versiegeln lassen, hier würde ein

48

Wort, ein Gedanke das Schweigen Deiner unaussprechlichen Liebe entweihen.

Deine Wirklichkeit, o Gott, spricht zu meinem Leben wie zu einem Vertrauten, mitten zwischen einer Menge von Erdichtetem: ich meine diese Mauern, dieses Dach, diese Bögen, dieser (zu Häupten) lächerlich massige und wesenlose Turm.

Herr, mein Gott, die ganze Welt scheint heute nacht aus Papier gemacht. Die festesten Dinge sind bereit zu zerbrökkeln oder zu zerreißen oder davonzuwehen.

Um wieviel mehr dieses Kloster, an das jeder glaubt und das vielleicht schon aufgehört hat zu existieren!

O Gott, mein Gott, die Nacht hat Werte, von denen sich der Tag nichts träumen läßt. Alle Dinge rühren sich bei Nacht, im Wachen oder im Schlaf, wissend um die Nähe ihres Untergangs. Nur der Mensch macht sich Bilder, die er für fest und ewig hält. Aber während wir unsere Fragen stellen und unsere Entscheidungen treffen, löscht Gott unsere Entscheidungen aus, die Dächer unserer Häuser stürzen auf uns herab, die hohen Türme sind von Ameisen unterwühlt, die Mauern bersten und stürzen ein, und die heiligsten Gebäude verbrennen zu Asche, während der Wächter eine Theorie der Dauer entwirft.

Nun ist es an der Zeit, sich zu erheben und den Turm zu ersteigen. Nun ist es an der Zeit, Dir, o Gott, dort zu begegnen, wo die Nacht wundervoll ist, wo das Dach unter meinen Füßen fast keine Substanz hat, wo all das geheimnisvolle Gerümpel im Glockenstuhl von der baldigen Ankunft dreier neuer Glocken träumt, wo der Wald sich unter dem Mond ausbreitet und alles Lebendige furchtbar im Lied kündet, daß nur die Gegenwart ewig ist und alles, was Vergangenheit oder Zukunft hat, dem Untergang geweiht ist!

49

So also geht der Weg vom Fußboden der Kirche zur Platt-
form des Turmes:

Zuerst muß ich auf dem zweiten Stock die volle Runde
ums Haus machen. Dann muß ich die Schlafsäle im dritten
Stock aufsuchen. Und dann kommt der Turm.

Der Kreuzgang. Leise Füße. Völlige Dunkelheit. Die Brüder haben das Zelt im Garten des Kreuzganges zerrissen, wo
die Novizen vor zwei Wintern zu schlafen pflegten und wo
ein paar von ihnen sich eine Lungenentzündung geholt hatten.

Gerade gestern habe sie eine neue Tür zum Zimmer des
Hochwürdigsten Vaters eingesetzt, während er mit Dom
Gabriel fort war, um die neuen Gründungen zu besichti-
gen.

Ich bin in dem Korridor unter dem alten Gästehaus. Mitten im Flur ist ein langer Tisch mit Messern, Gabeln, Löf-
feln und Schalen für das Frühstück der Postulanten und
Laienbrüder gedeckt. Dreimal am Tage essen sie im Korridor. Seit zwei Jahren hat sich kein anderer Platz für sie gefunden.

Die hohe, leichte Tür in den alten Gastflügel schwingt zurück, und ich bin auf der Treppe.

Ich hatte vergessen, daß die oberen Stockwerke leer sind.
Die Stille überrascht mich. Bei meiner letzten Feuerwache
stand auf dem zweiten Stock eine fünfzigköpfige Einkehr-
gruppe aufgereiht, um mitten in der Nacht ihre Namen in
die Gästeliste einzutragen. Sie waren eben in einem Omni-
bus von Notre Dame angekommen. Nun ist es hier vollkommen leer. Keine Anschläge mehr an den Wänden. Das
Bücherregal ist aus der Halle verschwunden. Die Menge der
frommen Statuen hat sich verringert. Alle Fenster sind weit
geöffnet. Mondlicht fällt auf den kühlen Linoleum-Fußbo-

den. Die Türen einiger Räume stehen auf, und ich sehe, daß sie leer sind. Die Leere der übrigen kann ich fühlen.

Ich würde gern eine Stunde lang hier stehenbleiben, nur um den Unterschied zu spüren. Das Haus ist wie ein Kranker, der genesen ist. Das ist das Gethsemani, in das ich eingetreten bin, dessen Existenz ich fast vergessen hatte. Dieses Schweigen, dieses Dunkel, diese Leere waren es, in die ich im Frühjahr vor elf Jahren mit Bruder Matthäus hineingeschritten bin. Das ist das Haus, das erbaut schien, um von allem entlegen zu sein, um alle Städte vergessen zu haben, um von der Ewigkeit verschlungen zu sein. Aber diese wiedergefundene Unschuld hat nichts Beruhigendes an sich. Die Stille selber ist ein Vorwurf. Die Leere selber ist eine furchtbare Frage.

Wenn ich das Schweigen gebrochen habe und wenn ich zu tadeln bin, weil ich so viel über die Leere geredet habe, bis sie sich mit Menschen füllte, wer bin ich, daß ich das Schweigen noch preisen dürfte? Wer bin ich, um die Leere öffentlich zu verkünden? Wer bin ich, um abfällige Bemerkungen über die Anwesenheit so vieler Besucher zu machen, so vieler Einkehrgäste, so vieler Postulanten, so vieler Touristen? Oder haben die Menschen unseres Zeitalters einen eigenen Midas-Griff bekommen, so daß nach dem ersten Erfolg alles, was sie berühren, von Menschen überquillt?

In diesem Zeitalter der Massen, in dem ich mich zur Einsamkeit entschlossen habe, würde die größte Sünde vielleicht sein, über die Anwesenheit von Menschen auf der Schwelle zu meiner Einsamkeit zu klagen. Kann ich so blind sein, um nicht zu wissen, daß die Einsamkeit selbst ihr größtes Bedürfnis ist? Und doch, wenn sie zu Tausenden in die Wüste strömen, wie sollen sie allein sein? Was hofften sie zu sehen, als sie in die Wüste hinausgingen?

Wen anders wollte ich selber hier finden als Dich, o Christus, der Du Erbarmen hast mit der Menge?

Und dennoch, Dein Erbarmen vereinzelt und sondert den aus, auf den Deine Gnade fällt, und scheidet ihn von der Menge, auch wenn Du ihn mitten unter der Menge läßt ...

Mit meinen Füßen auf dem Boden, den ich als Postulant gewachst habe, stelle ich diese sinnlosen Fragen. Mit meiner Hand auf dem Schlüssel zur Tür der Empore, wo ich zum erstenmal die Mönche Psalmen singen hörte, harre ich nicht auf Antwort, denn ich habe angefangen zu begreifen, daß Du niemals antwortest, wenn ich es erwarte.

Der dritte Raum der Bibliothek wird Hölle genannt. Er ist durch Bretterwände in vier kleine Unterabteilungen gegliedert, voll verurteilter Bücher. Die Scheidewände sind mit amerikanischen Fähnchen und Bildern von Dom Edmond Obrecht behängt. Ich winde mich durch dieses unglaubliche Labyrinth in den zweiten Raum der Bibliothek, wo gewöhnlich die Einkehrgäste sitzen, sich die Stirn wischen und den Vorträgen lauschen. Ich brauche nicht in den Winkel zu schauen, wo die Bücher über die Kartäuser mir einst ihr Sirenenlied sangen, während ich jetzt mit der tickenden Uhr, dem schwankenden Licht und den Schlüsseln in der Hand vorübergleite, um die Tür in den ersten Bibliotheksraum aufzuschließen. Hier haben die Scholastiker ihre Pulte. Dies ist der obere Arbeitsraum. Die Theologiebücher stehen rings an den Wänden aufgereiht. Dort drüben ist die kaputte Kuckucksuhr, die P. Willibrord jeden Morgen mit einer Geste des Trotzes aufzieht, unmittelbar bevor er die Fenster aufstößt.

Der Schlafsaal der Chormönche ist vielleicht der längste Raum in Kentucky. Lange Reihen von Verschlägen mit dünnen, etwas über sechs Fuß hohen Scheidewänden; Hem-

den und Kutten und Skapuliere hängen über den Zwischen-
wänden, um in der Nachtluft zu trocknen. Extrazellen sind
zwischen den Fenstern an den Wänden entlang hineinge-
zwängt. In jeder liegt ein Mönch auf einem Strohsack. Eine
einzige bleiche Birne brennt in der Mitte des Raumes. Die
Enden sind in Schatten getaucht. Ich mache leise meinen
Weg von Zelle zu Zelle. Ich weiß, in welchen Zellen
Schnarcher liegen. Aber niemand scheint zu schlafen in dieser ungewöhnlichen Behausung. So leise ich kann, gehe ich
zum äußersten westlichen Ende, wo Fr. Caleb in der Glöck-
nerecke schläft. Ich finde meine Station hinter der Tür der
Orgelstube, steche die Uhr und mache mich auf leisen Sohlen wieder zum anderen Ende des Schlafsaals auf.

Zwischen zwei Zellen ist eine verdeckte Tür. Sie führt zu
dem Krankenbau, wo das Schnarchen schon in vollem
Gang ist. Jenseits davon eine steile Treppe zum dritten
Stock.

Noch ein verweilendes Gedenken, bevor ich sie erklim-
men kann: die Krankenabteilung mit ihrer heißen quadrati-
schen kleinen Kapelle, der Raum, der die Exerzitien
umschließt, die ich vor all den großen Tagen in meinem
mönchischen Leben gemacht habe, vor Einkleidung, Pro-
feß, Weihen. Ich kann hier nicht vorübergehen, ohne daß
etwas Unaussprechliches aus der Tiefe meines Wesens aufsteigt. Es ist das Schweigen, das mich zu dem Turm hinauf-
führen wird.

Vorher aber steche ich die Uhr an der nächsten Station
am Zahnarztzimmer, wo ich nächste Woche einen weiteren
Backenzahn verlieren soll.

Nun ist es geschafft. Nun werde ich zur Spitze dieser
geistlichen Stadt hinaufsteigen und ihre jüngste Geschichte
hinter mir lassen. Diese Stufen führen über den Bürgerkrieg
hinaus. Ich gebe keine Rechenschaft von dem langen

Schlafsaal der Laienbrüder, wo ein blaues Licht brennt. Ich eile zu dem Korridor bei der Garderobe. Ich schaue aus den niedrigen Fenstern und weiß, daß ich schon über den Bäumen bin. Am hinteren Ende ist der Eingang zum Dachgeschoß und zum Turm.

Das Schloß macht immer großen Lärm. Auf ächzenden Angeln weicht die Tür zurück, und der Nachtwind, heiß und ungestüm, kommt aus dem Speicher heruntergefegt und trägt mir einen Geruch von verwitterten Dachsparren und alten, weggestauten, staubigen Dingen zu. Auf die dritte Stufe muß man achtgeben, sonst brechen die Füße durch die Bretter. Von hier an hat das Gebäude keine Substanz mehr, aber man muß auf seinen Kopf aufpassen und sich unter die Balken bücken, an denen man noch die Axthiebe sehen kann, mit denen unsere französischen Väter sie vor hundert Jahren zurechtgezimmert haben ...

Und nun mißt die Höhlung, die unter meinen Füßen schallt, über sechzig Fuß bis zum Boden der Kirche. Ich stehe über der Vierung. Wenn ich um eine Ecke der Kuppel klettere, gelange ich zu einem Guckloch, das die Photographen einmal gemacht haben, und kann in den Abgrund hinabspähen und den Strahl der Taschenlampe tief unten auf mein Gestühl im Chor fallen lassen.

Ich erklettere die schwankende, gewundene Treppe zum Glockenstuhl. Die Finsternis rührt sich mit Flügelschlägen hoch über mir in dem düsteren Gestänge, das den Turm zusammenhält. Näher zur Hand ist die alte Uhr, die in dem Turm tickt. Ich werfe den Lichtstrahl auf das Wunderwerk, das sie in Gang hält, und starre die alten Glocken an.

Ich habe die Sicherungen nachgesehen. Ich habe in die Winkel geschaut, wo ich Drahtleitungen vermute. Ich habe mich überzeugt, daß kein Feuer in diesem Turm ist, der wie

54

eine große Fackel lodern und die ganze Abtei binnen zwanzig Minuten mit sich reißen würde ...

Und nun atmet mein ganzes Sein den Wind, der durch den Glockenstuhl streicht, und meine Hand ruht auf der Tür, durch die ich den Himmel sehe. Die Tür öffnet sich auf ein weites Meer von Dunkelheit und von Gebet. Wird er so über mich kommen, der Augenblick meines Todes? Wirst Du eine Tür auf die großen Wälder öffnen und meine Füße auf eine Leiter unter dem Mond stellen und mich hinausführen zwischen die Sterne?

Das Dach glitzert unter meinen Füßen, das lange, metallene Dach, das den Wäldern und Hügeln die Stirn bietet, hier, wo ich über den Baumgipfeln stehe und auf glänzender Luft schreite.

Nebelschwaden von feuchter Hitze steigen aus den Feldern rings um die schlafende Abtei auf. Das ganze Tal ist von Mondlicht überflutet, und ich kann die Hügel im Süden jenseits des Wassertanks zählen, ja fast die Bäume des Waldes im Norden einzeln unterscheiden. Nun erhebt sich der ungeheure Chor lebender Wesen aus der Welt zu meinen Füßen: das Leben singt in den Wasserläufen, klopft in den Teichen und den Feldern und den Bäumen, Millionen und aber Millionen springender und fliegender und kriechender Geschöpfe. Und hoch über mir weitet sich der kühle Himmel über der eisigen Ferne der Gestirne.

Ich lege die Uhr auf die Brüstung und bete mit gekreuzten Beinen, den Rücken an den Turm gelehnt, und sehe mich vor der alten unbeantworteten Frage.

Herr, Gott dieser mächtigen Nacht: siehst Du die Wälder? Hörst Du den Ruf ihrer Einsamkeit? Verstehst Du ihr Schweigen? Gedenkst Du ihrer Einöden? Siehst Du meine Seele wie Wachs in mir zerfließen?

Clamabo per diem, et non exaudies; et nocte, et non ad insipientiam mihi!
(Ich rufe bei Tag, und du erhörst mich nicht; und bei Nacht, doch soll es mir nicht zur Torheit gereichen. Psalm 22,3).

Gedenkst Du des Platzes an dem Strom? Gedenkst Du des Rebhügelgipfels damals im Herbst, als im Tal der Zug fuhr? Gedenkst Du McGintys Höhle? Gedenkst Du des dünn bewaldeten Hügelhangs hinter Hanekamp? Gedenkst Du der Zeit des Waldbrandes? Weißt Du, was aus den jungen Pappeln geworden ist, die wir im Frühling gepflanzt haben? Ruht Dein Blick auf dem Tal, wo ich die Bäume gezeichnet habe?

Es gibt kein Blatt, das nicht in Deiner Hut ist. Es gibt keinen Schrei, den Du nicht gehört hast, ehe er ausgestoßen wurde. Es ist kein Wasser im Schiefergestein, das Deine Weisheit nicht dort versteckt hat. Es gibt keinen verborgenen Quell, der nicht durch Dich verborgen wurde. Es gibt keine Schlucht für ein einsames Haus, die nicht von Dir für ein einsames Haus bestimmt worden ist. Es gibt keinen Menschen für jenes Tagwerk Wald, den Du nicht für dieses Tagwerk Wald erschaffen hast.

Aber es ist mehr Trost in der Wesenheit des Schweigens als in der Antwort auf eine Frage. Die Ewigkeit ist in der Gegenwart. Die Ewigkeit liegt auf der flachen Hand. Die Ewigkeit ist eine Feuersaat, deren jäh hervorschießende Wurzeln die Schranken zerbrechen, die mein Herz davor bewahren, zum Abgrund zu werden.

Die Dinge der Zeit werden geduldet von der Ewigkeit. Die Schatten dienen Dir. Die wilden Tiere singen Dein Lob, bevor sie zugrunde gehen. Die festen Hügel werden zerfallen wie ein abgetragenes Gewand. Alles wandelt sich und stirbt und verschwindet. Fragen tauchen auf, nehmen ihre zeitgemäße Form an und verschwinden ebenfalls. In dieser Stunde werde ich aufhören zu fragen, und Schweigen soll meine Antwort sein. Die Welt, die Deine Liebe erschaffen hat, die von der Hitze entstellt ist und die mein Geist immer mißdeutet, soll aufhören, sich in unsere Stimmen zu mischen.

Getrennte Geister tun so, als sprächen sie die gleiche Sprache. Die Vermählung der Seelen in Begriffen ist meistens eine Täuschung. Gedanken, die nach außen schweifen, bringen durch die äußeren Dinge Zeugnis von Dir zurück. Aber ein Zwiegespräch mit Dir, das auf dem Wege über die Welt geführt wird, endet immer in einem Zwiegespräch mit meinem eigenen Spiegelbild im Strom der Zeit. Mit Dir gibt es kein Gespräch, es sei denn, Du wähltest einen Berg und umhülltest ihn mit Wolken und prägtest Deine Worte in Feuerschrift dem Geiste des Moses ein. Was Moses auf Steintafeln übergeben wurde, als Frucht von Donner und Blitz, wird jetzt tiefer in unseren eigenen Seelen geboren, so ruhig wie der Atem unseres Seins.

Die Hand liegt offen. Das Herz ist stumm. Die Seele, die meine Substanz zusammenhält, eine harte Perle in der Höhlung der Muschel, wird eines Tages sich vollkommen hingeben.

Obwohl ich die Sterne sehe, behaupte ich nicht mehr, sie zu kennen. Obwohl ich in diesen Wäldern gewandert bin, wie kann ich beanspruchen, sie zu lieben? Die Namen der einzelnen Dinge werden mir entfallen, einer nach dem anderen.

Du, der in meiner Brust schlummert, wirst nicht in Worten erfahren, sondern nur indem Leben in Leben hervortritt und Weisheit in Weisheit. Man findet Dich in der

Gemeinschaft: Du in mir und ich in Dir und Du in ihnen und sie in mir. Losschälung in Losschälung, Gelassenheit in Gelassenheit, Leere in Leere, Freiheit in Freiheit. Ich bin allein. Du bist allein. Der Vater und Ich sind eins.

Die Stimme Gottes ertönt im Paradies:

„Was gemein war, ist kostbar geworden. Was jetzt kostbar ist, war nie gemein. Ich habe das Gemeine immer als kostbar gekannt. Denn was gemein ist, das kenne Ich nicht.

Was grausam war, ist barmherzig geworden. Was jetzt barmherzig ist, war niemals grausam. Ich habe immer Jonas mit Meinem Erbarmen überschattet, und Grausamkeit kenne Ich nicht. Hast du Mich zu Gesicht bekommen, Jonas, Mein Kind? Erbarmen in Erbarmen in Erbarmen. Ich habe dem Weltall ohne Ende verziehen, denn Ich habe niemals Sünde gekannt.

Was gering war, ist unermeßlich geworden. Was unermeßlich ist, war niemals gering. Ich habe Geringes immer als Unermeßliches gekannt. Reichtümer liebe Ich nicht. Kerker in Kerkern in Kerkern. Sammle dir keine Entzükkungen auf Erden, wo die Minuten als Diebe einbrechen. Und klammere dich auch nicht an die Zeit, Jonas, Mein Sohn, auf daß nicht die Ströme dich hinwegtragen.

Was gebrechlich war, ist stark geworden. Das Zarteste habe Ich geliebt. Ich habe das angeschaut, was nichts war. Ich habe berührt, was ohne Wesenheit war, und in dem, was nicht ist, bin Ich."

Tautropfen schimmern im Gras wie Saphire, sobald die mächtige Sonne erscheint, und Blätter zittern dem lautlosen Flug der fliehenden Taube nach.

(Das Zeichen des Jonas, 363–377)

IM SCHWEIGEN DER WEISHEIT
BEGEGNEN

Im ersten Jahrzehnt seines Mönchslebens vertiefte sich Tho-
mas Merton in die Bibel und in die theologische und spiritu-
elle Tradition der Kirchenväter. Ein tiefgründiger Text über
Stille und Schweigen aus dieser Zeit ist spürbar davon ge-
prägt. Er ist ganz im allegorisch-symbolischen, bibelnahen
Stil der antiken und mittelalterlichen Theologie verfaßt.

„Im Anfang", sagt die Genesis, „war die Erde wüst und leer,
und Finsternis bedeckte den Abgrund, und der Geist Gottes
schwebte über den Wassern. Und Gott sagte: ‚Es werde
Licht', und es ward Licht. Und Gott sah, daß das Licht gut
war. Da schied Gott das Licht von der Finsternis." (Genesis
1, 1–4).

In diesen geheimnisvollen Worten, die über den Anfang
der stofflichen Welt aussagen, erblickten die Kirchenväter
ein Symbol für den Anfang des menschlichen Geistes, dem
Gott als seinem Repräsentanten in der Welt seinen Platz zu-
wies, sozusagen als dem Hohepriester der Schöpfung.

Die Seele des Menschen ist eine Leere, die auf Gott wartet, ein Abgrund der Finsternis, welcher Chaos bleibt, bis
der Geist Gottes über ihm schwebt, bis das Licht durch die
Gegenwart des Wortes seine offenbaren Abgründe erfüllt.
Mit der Erschaffung Adams kam das Licht – das Gott ist –
in diesen Abgrund, und Adam erkannte, daß Gott sein Vater war, und er sah, „daß das Licht gut war". Und Adam
selbst „schied das Licht von der Finsternis", Ordnung von

Chaos; er unterschied das Offensichtliche von dem Trügerischen, die Wahrheit von der Lüge. Adam wußte, daß sein Geist von Gott stammte, und er lebte ganz in Gott, der sein Vater war. In seinem Innersten durchdrungen vom göttlichen Licht, erkannte er alle die Wahrheiten, die ihm als einem Kind Gottes zukamen. Deshalb brauchte er die Kenntnis des Bösen nicht, denn in Gott, seinem Vater, war nichts Böses.

Als jedoch der erste Mensch in der Freiheit seines Geistes die Erfahrung des Bösen wählte und sich der Täuschung hingab, ward wiederum Finsternis in seiner Seele und wieder wurde sie öd und leer, und Nacht fiel in die Tiefen seines Geistes. In der Dunkelheit jedoch dürstete er hinfort nach dem Licht, und im Chaos sehnte sich sein Geist nach Ordnung und Frieden. Er seufzte nach Wahrheit und Einheit und rief laut nach dem Licht, vor dem er geflohen war. Und der Geist Gottes schwebte über ihm. Wer aber konnte Ihn begreifen? War Gott Freund oder Feind? Die Gesetze, die Er dem Menschen aus der Unfaßbarkeit Seines geheimnisvollen Seins gegeben hatte, gaben keine befriedigende Antwort darauf.

Aber als die Zeit erfüllt war, war Gott bereit, den Menschen auf diese Frage die rechte Antwort zu geben. Er sandte Sein eigenes Licht – sein Wort –, seinen eingeborenen Sohn in die Welt. Und von neuem schied Er das Licht von der Finsternis.

Als Jesus in die Fluten des Jordans hinabtauchte, schwebte noch einmal der Geist Gottes über den Wassern. Wiederum wurde die Finsternis, die das Bild Gottes in der menschlichen Seele bedeckt hatte, zerteilt, und Gott, der über Jesus schwebte, ließ alle Menschen Seine Stimme hören: „Dieser ist mein geliebter Sohn, an dem ich mein Wohlgefallen habe" (Matthäus 3, 17). Was aber geschah dann? Jesus wurde durch diesen selben Geist in die Wüste geführt, auf daß er vom Teufel versucht würde.

So wie Adam einstmals von Gott den Auftrag bekam, das Paradies „zu bewahren und zu bebauen", erhält der Mensch die Aufgabe – so hoffnungslos sie auch scheint –, die Wüste zu bebauen, nämlich die sandigen Steppen des menschlichen Geistes, der sich von Gott abgewandt hat. Mit Hilfe des Gebets in die leeren Räume seiner Seele hinabsteigend, soll er auf die Erfüllung des göttlichen Versprechens warten: „Wüste und Trockenheit werden sich freuen, die Steppe wird frohlocken und blühen die Lilie" (Jesaja 35, 1).

Der Mensch wird dadurch ein Mensch des Schmerzes, der keine Illusionen in sich nährt, der sich seiner eigenen Unzulänglichkeit bewußt bleibt und, aller Ausflüchte müde, die nackte Wirklichkeit sucht, die allein die Wüste enthüllt. Aber er ist auch ein Mensch der Freude, denn inmitten der Wüste und inmitten der Einsamkeit lebt er in Frieden; er begnügt sich mit seinen Begrenzungen und liebt die Wirklichkeit, so wie sie ist. Seine Demut gibt ihm Sicherheit und Frieden. Von Sehnsucht erfüllt, ist er froh und traurig zugleich. Er lebt in der Hoffnung wie in der Liebe, durchdrungen von dem Geheimnis, das Christus seinen Auserwählten offenbart hat: daß allein diese Hoffnung uns schon auf dieser Erde die Gewißheit zu geben vermag, einst unser unschätzbares Erbe als Kinder Gottes antreten zu dürfen.

– Und was ist nun dieses Erbe, dieser unschätzbar große Besitz? Es ist die Weisheit, die uns befähigt, Gott in dem Geheimnis Jesu Christi zu finden, die Weisheit, die der Heilige Geist denen verleiht, die alles verlassen, um Ihm zu folgen, – die Weisheit des Kreuzes.

Diese Weisheit öffnet unser geistiges Auge nicht durch

forschendes Wissen, sondern durch die Erkenntnis unseres Seins, die wir alle dunkel in uns tragen; sie stammt aus der Liebe, die uns den tiefsten Sinn jener Hoffnung offenbart, die uns im Kreuze Christi dargeboten ist. Diese Gabe der liebenden Weisheit befähigt uns, durch die innere Armut hinabzusteigen in das Mysterium Gottes, sie gibt uns, wie der heilige Paulus sagt, „den Geist der Weisheit und der Offenbarung zu Seiner Erkenntnis und erleuchtet die Augen unseres Herzens, auf daß wir einsehen, was es ist um die Hoffnung Seiner Berufung, um den Reichtum Seines herrlichen Erbes in der Gemeinschaft der Heiligen und um die überschwengliche Größe seiner Macht, die er an uns Gläubigen erweist, wie er sie in Christus wirksam werden ließ …" (Epheserbrief 1, 17–19).

Mitnichten ist diese Weisheit eine Art Geheimlehre, die sich durch außergewöhnliche Kunstgriffe aneignen läßt. Sie läßt sich weder durch asketische Bußübungen noch durch menschlichen Verstand enthüllen. Sie ist verborgen in Gott, denn niemand erkennt in Wahrheit Gott außer Ihm selbst und jenen, denen Er sich offenbart.

Diese Weisheit, welche (wie der Prophet sagt) „Riesen nicht aufdecken" und welche die Engel nicht als ihr Eigentum fordern können, ist tiefer verborgen, als Gold oder Eisen im Schoß der Erde in ihrem geheimnisvollen Werden verborgen sind. Keine Wünschelrute vermag die Quelle dieser Weisheit aufzuspüren, aus der alle Menschen zu trinken begehren (denn alle Menschen dürsten nach Glück, und die Weisheit ist das Glück des Menschen). Wer wird den Weg dieser verborgenen Quelle aufdecken, die jenseits des innersten Seins aller Dinge entspringt? „Der Abgrund spricht, sie ist nicht in mir; und das Meer spricht, sie ist nicht bei mir … Sie ist verhüllt vor aller Lebenden Augen und verborgen vor den Vögeln des Himmels. Es sprechen die Unterwelt und der Tod: Unsere Ohren vernahmen von ihr nur ein Raunen" (Ijob 28, 14; 21; 22).

Und dennoch – welch ein Widerspruch – klagt die Weisheit auf den Straßen und wartet auf die Menschen, sie läßt sich hören auf den Marktplätzen und in den Gassen der Städte, sie steht am Tor unter dem Volk (Sprichwörter 1, 20–21), – aber die Menschen eilen vorüber und finden sie nicht. Denn um sie zu finden, müßten sie der Weisheit lauschen mit Fleiß und ihre Herzen neigen und ihre Gebote halten. Denn das ist es, was heißt „das Gebot halten": nicht nur behalten soll man es, noch sich nur daran erinnern; es heißt, es sich ganz zu eigen machen, indem man so handelt, wie es uns gebietet. Jene Weisheit Gottes, von der uns der Apostel sagt, daß sie ein „Geheimnis" sei (Epheserbrief 1, 8–9), ist eine sehr verborgene, denn allein der Geist Gottes kann sie uns entdecken. Und dieser ist ja selbst verborgen, „und seine Stimme hört man nicht mit Ohren".

Unmöglich ist es, diesem Widerspruch auszuweichen: daß Weisheit ihren Geist kundtut und dennoch im Verborgenen bleibt, und daß sie, je mehr sie sich verbirgt, sich uns um so mehr offenbart, und wiederum, je mehr sie sich uns offenbart, sie um so verborgener ist. Denn man erkennt Gott erst, wenn man weiß, daß man Ihn nicht erkennen kann, und man hört Seine Stimme erst, wenn man begreift, daß man sie nicht hören kann. Die Worte, die von Ihm kommen, sind voller Schweigen, und sie fordern uns selbst dazu auf zu schweigen. Die Wahrheiten, die Er uns enthüllt, sind voller Geheimnis, ihr Sinn ist es, uns mit ihnen ganz in Gott zu bergen, von dem sie ausgehen.

Wenn wir die Gebote Seiner Weisheit in unseren Herzen bergen – Demut, Sanftheit, Mitleid, Entsagung, Glaube und Gebet –, werden wir in Ihm geborgen sein. Denn der Schatz, den uns diese Tugenden schenken und das Leben, das sie

63

uns vermitteln, bleiben den Augen der Menschen verborgen. Sie aber bringen uns jener Lebensquelle nahe, von der die angeborene Klugheit des Menschen nichts weiß, obgleich sie der Ursprung unseres Seins ist, denn sie allein nährt und erhält uns. Alle diese verborgenen Dinge werden uns durch die Worte und Gebote der Heiligen Schrift vermittelt: sie verwandeln unser Leben und erheben es von der Ebene unseres vordergründigen Wissens und praktischen Verstandes auf jene andere Ebene, die dem Geist des Menschen dunkel und verborgen bleibt.

Was ist nun die Wirkung dieses Verborgenseins? Einigen scheint es wie Unwissenheit und Hoffnungslosigkeit. Aber für die Berufenen ist dieses Schweigen Gottes die docta ignorantia – ein weises Nichtwissen, eine „Hoffnungslosigkeit", unter der vollkommene Hoffnung sich verbirgt. Denn gerade die Hoffnung ist oft in Schweigen gehüllt.

Weit hinweggerückt zu sein von der Welt der Menschen im Schweigen Gottes heißt letzten Endes nicht, daß man ein neues geheimnisvolles Universum sich erschlösse, um darin zu leben, sondern daß dieses unser Dasein in seiner gewohnten Alltäglichkeit bestehen bleibt, daß es mit all seinen Erniedrigungen, all seiner Armseligkeit so ist, wie wir es kennen: einfach, wirklich und arm – von innen her jedoch verwandelt wird durch dieses Schweigen, welches die höchste Stufe ist der unendlichen „Armut" eines unendlich reichen und freigebigen Gottes.

Die ewige Qual aller menschlichen Sehnsucht, die bis an den Rand des Abgrunds führt, gelangt hier zur Ruhe. Die Furcht vor Gott ist so weit jenseits aller vorstellbaren Furcht, daß sie hier aufhört, ein Schrecken für uns zu sein, denn plötzlich verwandelt sie sich in Güte und Freundlichkeit, und hier fängt dieses unglaubliche Getröstetsein an, das uns nur nach dem Durchgang durch das Tor offensicht-

licher Hoffnungslosigkeit geschenkt wird: die tiefe Überzeugung, die ebenso unerklärlich wie unwiderstehlich ist,
kraft der wir aber genau wissen, daß wir in der tiefsten Tiefe
all unseres vergeblichen Mühens eins sind mit Gott. „Er,
der mit dem Herrn eins ist, bildet mit Ihm einen einzigen
Geist." (1. Korintherbrief 6, 17). Wir haben Ihn in der Tiefe
unserer eigenen Unzulänglichkeit gefunden, nicht etwa
durch das Erlebnis einer furchtbaren Nacht, nicht durch
ein tragisches Opfer, sondern einfach in der gewöhnlichen
Schlichtheit unseres ganz alltäglichen Lebens.

Und dann beginnt in dem tiefen Schweigen um uns die
Weisheit ihren nie endenden, erleuchteten, unaussprechlichen Gesang: ihre heimliche Musik, deren Klänge die einsame Seele anrühren. Es ist ebenso ihr Gesang wie derjenige
der Seele, die ihn hört – einzigartiges Singen, dem nichts
vergleichbar ist, angestimmt von jeder Seele allein in der
Einheit mit dem unbekannten Geist, der an der Schwelle ihres eigentlichen Wesens wohnt, dort, wo ihre Existenz sich
ausweitet in jenen unendlichen Abgrund, in dem Gott ist.
Es ist der Gesang, den ein jeglicher von uns anstimmen
muß, jene sphärische Musik, zu der Gott selber die Melodie
schuf und die Er inmitten unseres eigensten Wesens zum
Erklingen bringt. Vermögen wir nicht, ihr zu lauschen, so
wird sie niemals in uns ertönen. Und wenn wir unsere
Stimme nicht mit der Stimme Gottes vereinen, werden wir
nie zu unserer wahren Wirklichkeit gelangen, denn sie ist
der Gesang unseres eigenen Lebens, einmündend wie ein
Fluß in das ureigenste Herz Gottes.

Nun vermischt sich aber dieser Gesang, den die menschliche Seele allein in aller Verborgenheit mit dem Geist Gottes zusammen anstimmt, auf geheimnisvolle Weise mit den
unhörbaren Stimmen aller anderen Menschen, die Gott lieben, den Seelen der Lebendigen und der Toten, derjenigen,

die noch auf der Erde weilen und ihre Prüfungszeit erleiden und jener, die den Ort des Sieges und der Ruhe schon erreicht haben. Sie alle bilden einen unermeßlich großen Chor, dessen Harmonien nur in der Tiefe völligen Schweigens zu erfassen sind, weil sie unhörbar sind wie das Schweigen selbst. Denn jene Musik, die unsre Seele mit Gott vereint, ist dem Schweigen Gottes gleich.

Hier bilden Musik und Schweigen eine Einheit und sie offenbaren ihre Weisheit, indem sie verborgen bleiben. Wir lernen Weisheit, wenn wir lautlos im Schweigen des Geheimnisses unseren Gesang anstimmen, denn hier lenkt die Stimme der Weisheit unser eigenstes Wesen und Schicksal durch die schweigenden Absichten der Vorsehung Gottes. Die Stille dieses Gesanges, der im Himmel gesungen wird, muß zur Wesenheit jedes Lebewesens werden, zur wahren Wirklichkeit alles Bestehenden. „Denn die Weisheit ist beweglicher als alle Bewegung; sie geht hindurch und durchdringt alles vermöge ihrer Reinheit. Sie ist ja ein Hauch der Kraft Gottes, ein lichter Ausfluß der Herrlichkeit des Allmächtigen ... Obwohl sie nur eines ist, vermag sie doch alles, und obwohl in sich selbst verbleibend, erneuert sie alles, und senkt sich in lautere Seelen ein und stattet Gottesfreunde und Propheten aus" (Buch der Weisheit 7,24.25.27).

Das Schweigen Gottes treibt die Stürme vor sich her, es türmt die Gebirge auf, zerwühlt das Meer und läßt es gegen die Felsen branden. Aus dem Schweigen Gottes schöpft die Menschheit alle Kraft für ihr Getriebe, und wiederum kraft dessen, was in Seinem Schweigen verborgen ist, tun wir lärmend unsere Werke bis zur Auflösung der Elemente, die unser gequältes Universum ausmachen, in ihre Bestandteile. Das Schweigen Gottes ist es, das dem Boden Festigkeit gibt, auf dem wir unsere Kämpfe austragen; ließe Er uns fallen, so stürzten wir mitsamt der ganzen lauten Wichtigkeit unserer Taten zerschmettert hinab in den Abgrund des Vergessens. Nachts, wenn das ruhelose Treiben der Menschen zur Ruhe kommt und die Welt mit ihren Maschinen in Schlaf sinkt, ist alles von Seinem Schweigen erfüllt. Die wenigen Wachenden hören dann das geheimnisvolle Singen, dessen Widerhall in ihren Herzen zu tönen beginnt. Es sagt ihnen, daß alles, was der Mensch ausrichtet mit seinem Lärmen und Werkeln, ganz unwichtig ist; und jene, die da wachen, könnten uns sagen, daß alles, was laut seine Stimme erhebt, nur Täuschung bleibt, daß aber wahre Wirklichkeit sich nur im immerwährenden Schweigen der Dinge ausbreitet. Denn dort in ihrer wahren Wesenheit birgt sich das Schweigen Gottes und singt in Gemeinschaft mit ihnen den Gesang, den Er allein vernimmt.

(1957: Schweigen im Himmel, 15–26)

Einige Jahre später hat sich seine Sprache spürbar gewandelt, mit der er vom Sinn der Einsamkeit und der Stille in gleicher Tiefgründigkeit spricht. Er hatte sich in neuer Weise der „Welt" zugewandt.

DER ZERSTREUUNG ENTSAGEN

In der Stille der Landschaft und des Waldes und in der Einsamkeit der Klausur meines Klosters habe ich das gesamte Abendland entdeckt. Hier war ich dank der Gnade Gottes imstande, die Neue Welt zu erforschen, ohne von Stadt zu Stadt zu reisen, ohne die Anden oder den Amazonas zu überfliegen und einen Tag hier, zwei Tage dort Halt zu machen und dann weiterzureisen. Wäre ich auf diese Weise umhergereist, hätte ich wahrscheinlich nichts gesehen: denn im allgemeinen sehen diejenigen, welche viel reisen, am wenigsten.

(1958: Vorwort zur argentinischen Ausgabe seiner gesammelten Werke, 34)

Durch seine Bücher und Aufsätze war er weltweit bekannt und zum Gesprächs- und Briefpartner zahlloser geistlich suchender und wacher Menschen geworden. Zugleich reizte es ihn, aus seiner Sicht als Mönch seinen originellen, ja prophetischen Beitrag zu den Themen und Fragen zu leisten, die seine Zeitgenossen bewegten. Überschwenglich von Natur aus, ließ er sich auf die vielfältigsten Diskussionen ein. Er schrieb über die englischen Mystiker des 14. Jahrhunderts und über die Existentialisten des 20., über die „Schwarzen Panther" und über Zen-Meister in China und Japan, über das Theater des Absurden und den Vietnamkrieg, über Shaker-Möbel und Marxismus, über Adolf Eichmann und Gandhi und die Gewaltlosigkeit, über den sowjetischen Schriftsteller Boris Pasternak und den Mönchstheologen Jo-

hannes Klimakus aus dem 7. Jahrhundert, über Kunst und Spiritualität und über Formen des sozialen Protests. Für die Bürgerrechts- und Friedensbewegung in den USA wurde er zum wichtigen Inspirator und Ermutiger. Unermüdlich wies er darauf hin und versuchte die Alternative selbst vorzuleben: Wo die Menschen das Alleinsein und die Stille fliehen, fehlt allen Aktivitäten die Wurzel und die Inspiration, überall da laufen die Menschen Gefahr, nur um sich selbst und ihre fixen Ideen zu kreisen und andere damit anzustecken oder dafür zu mißbrauchen.

Genau besehen, sind alle Menschen Einsame.

Allerdings haben die meisten von ihnen eine derartige Abneigung dagegen, einsam zu sein oder sich einsam zu fühlen, daß sie alles nur Erdenkliche tun, um ihre Einsamkeit vergessen zu können. Und was tun sie? Sie stürzen sich, denke ich, weitgehend in das, was Pascal das „divertissement" genannt hat – in die Ablenkung, in die systematische Zerstreuung. Sie geben sich jenen Beschäftigungen und Entspannungsmöglichkeiten hin, die ihnen die Gesellschaft gnädig anbietet und die es ihnen ermöglichen, an sich selbst vierundzwanzig Stunden täglich vorbeizuleben.

Selbst die schlechteste Gesellschaft hat etwas an sich, was für das menschliche Leben nicht nur gut, sondern sogar wesentlich ist. Offensichtlich kann der Mensch nicht ohne die Gesellschaft anderer Menschen leben. Solche, die lautstark behaupten, sie möchten das am liebsten tun oder möchten gern die Möglichkeit dazu haben, sind oft gerade diejenigen, die am schlimmsten von der Gesellschaft abhängig sind. Ihr vorgeblicher Hang zur Einsamkeit ist lediglich das Eingeständnis, daß sie auf ungesunde Weise an der Gesellschaft hängen. Sie geben sich einer individualistischen Illusion hin.

Die Gesellschaft schützt nicht nur das natürliche Leben des Menschen, indem sie ihm hilft, für sich selbst zu sorgen, sondern sie bietet auch jedem Individuum die Gelegenheit, im Dienst für andere über sich selbst hinauszuwachsen und so eine wirkliche Person zu werden. Aber niemand wird lediglich durch Zerstreuung im Sinne von divertissement zur Persönlichkeit. Die Zerstreuung wirkt nämlich bloß so, daß sie das Individuum als Individuum einschläfert und es in die warme, apathische Starre eines Kollektivs bettet, das genau wie das Individuum lediglich in guter Laune gehalten werden möchte. Das Brot und die Spiele, die für diese gute Laune sorgen, können lärmend und absurd sein oder auch das heuchlerische Getue gespannter Ernsthaftigkeit annehmen, zum Beispiel in einer Massenbewegung. Unsere eigene Gesellschaft gibt dem Absurden den Vorrang. Aber unser absurdes Treiben ist mit einer seltsamen Art dickköpfiger, fest entschlossener Ernsthaftigkeit vermischt, mit der wir uns dem Erwerb von Geld, der Befriedigung unseres Geltungsbedürfnisses und der Rechtfertigung unserer selbst gegenüber dem Unrecht unserer Gegenspieler hingeben, das wir als totalitär empfinden.

In einer Gesellschaft wie der unsrigen gibt es offensichtlich viele Menschen, für die die Einsamkeit ein Problem, ja sogar eine Versuchung darstellt. Ich bin vielleicht nicht in der Lage, ihr Problem zu lösen oder ihre Versuchung zu bannen. Aber es wäre möglich, daß ich – als jemand, der zumindest ein wenig die innere Einsamkeit kennengelernt hat – etwas darüber sagen kann, das denjenigen Mut macht, die von der Einsamkeit angefochten werden. Zumindest eines kann ich ihnen ausdrücklich sagen: Wenn sie sich unfähig fühlen, trotz all der mitreißenden Tröstungen, die ihnen

70

die Gesellschaft im Übermaß anbietet, wirklichen Trost zu finden, brauchen sie darin auch gar nicht ihren Trost zu suchen. Vielleicht sind sie durchaus in der Lage, ohne diese Art von Versicherung auszukommen. Vielleicht müßten sie sich einfach klarmachen, daß sie weniger Bedarf an Zerstreuung haben, als ihnen ihre voll durchorganisierten Zeitgenossen mit penetrant dogmatischer Selbstsicherheit einzureden versuchen. Sie können sich voller Selbstvertrauen von den Ingenieuren der menschlichen Seele absetzen, die ihre Talente in den Kult der publicity stellen. Deren Einfluß auf ihr Leben ist tatsächlich, wie sie durchaus im Stillen vermuten, gleichermaßen unnütz wie verwirrend. Aber ich verspreche nicht, ihn völlig entbehrlich machen zu können.

Genausowenig verspreche ich, jemanden mit optimistischen Antworten auf all die häßlichen Schwierigkeiten und Ungewißheiten, die sich im Leben der inneren Einsamkeit einstellen, aufheitern zu können. Ich kann lediglich einige der Schwierigkeiten aufzeigen.

Die erste von ihnen sollte gleich ganz am Anfang beim Namen genannt werden: wie entmutigend die Aufgabe ist, seiner eigenen Absurdität voll ins Gesicht zu schauen und sie anzunehmen. Die Qual der Wahrnehmung, daß unter der Oberfläche des scheinbar logischen Musters eines mehr oder weniger „gut organisierten" und vernünftigen Lebens ein Abgrund der Vernunftwidrigkeit, der Verwirrung, der Sinnlosigkeit und tatsächlich des offensichtlichen Chaos gähnt. Diese Wahrnehmung ist das erste, was den Menschen überkommt, der der Zerstreuung entsagt. Das kann gar nicht anders sein: denn wenn man der Zerstreuung entsagt, entsagt man dem scheinbar harmlosen Vergnügen, sich eine festgefügte, selbstsichere Illusion über sich selbst und seine eigene kleine Welt aufzubauen. Stattdessen stellt man sich der Schwierigkeit, der Unzahl von Dingen im eigenen Leben ausgeliefert zu sein, die unbegreiflich sind, statt sie einfach zu verkennen. Im übrigen wird echter Glaube erst dann möglich, wenn man sich kompromißlos der offenkundigen Absurdität des Lebens gestellt hat. Sonst neigt der Glaube dazu, eine Art Zerstreuung und Ablenkung zu bleiben, ein geistlicher Zeitvertreib, bei dem man anerkannte, allgemein übliche Floskeln sammelt und sie zum gängigen Erklärungsmuster zusammensetzt, ohne wirklich ihren Sinn zu erfassen oder sich zu fragen, ob sie irgendwelche praktische Konsequenzen für das eigene Leben haben. (1960: Notes for a Philosophy of Solitude, 164–166)

ALLEINSEIN – EIN KRITISCHER AUFTRAG

In seinen Zeiten der Stille lotete er aus, was das Menschsein bedeutet. Wesentliche Einsichten über das Element „Einsamkeit" im Leben jedes Menschen formulierte er in einer Art Grundsatz-Manifest mit dem Titel „Notizen für eine Philosophie der Einsamkeit". Darin heißt es:

Wenn sich jemand von den anderen Menschen zurückzieht, kann das eine besondere Form der Liebe zu ihnen sein. Niemals jedoch sollte man sich aus Abscheu vor den Menschen oder vor ihrer Gesellschaft zurückziehen. Jedoch kann man sich durchaus in aller Stille und Bescheidenheit weigern, die Mythen und Lebenslügen zu übernehmen, die das soziale Leben unvermeidlich zu einem großen Teil ausmachen – und zumal heutzutage.

Es heißt ganz gewiß nicht, den Menschen verschmähen, wenn man die Illusionen und Fassaden verschmäht, die der Mensch um sich herum aufbaut. Im Gegenteil, das kann ein Zeichen der Liebe und der Hoffnung sein. Denn wenn wir jemanden lieben, weigern wir uns, das hinzunehmen, was sein Personsein zerstört und verstümmelt.

Können wir die Augen vor der mißlichen Lage des Menschen verschließen, wenn wir die Menschheit wirklich lieben?

Es ließe sich einwenden: dann muß man etwas gegen seine mißliche Lage tun. Jedoch gibt es solche, deren Berufung in der Anerkenntnis besteht, daß sie letzten Endes auf keine ausdrückliche soziale Weise etwas dagegen tun können. Ihr Beitrag besteht im stummen Zeugnis, in einem verborgenen, ja ganz unsichtbaren Ausdruck der Liebe. Er nimmt die Form an, daß sie lieber die Einsamkeit wählen, statt soziale Scheingebilde und Scheinlösungen anzunehmen. Denn wenn wir uns an Scheingebilden und Scheinlösungen beteiligen, und vor allem bei politischen und demagogischen Schwindeleien mitmachen – bekennen wir uns damit nicht indirekt zu der Überzeugung, daß wir nicht mehr an den Menschen und sogar auch nicht mehr an Gott glauben?

So gibt es also einige Menschen, die in Abgeschiedenheit und Stille nach Klarheit suchen, nicht weil sie meinen, daß sie es besser wissen als alle anderen Menschen, sondern weil sie das Leben unter einem anderen Blickwinkel ansehen möchten. Sie möchten sich aus dem verwirrenden Babel zurückziehen, um geduldiger auf die Stimme in ihrem Inneren und auf den Heiligen Geist zu hören.

Wenn heutzutage die ganze Welt zu einer einzigen unermeßlichen und idiotischen Scheinwelt zu werden droht, und wenn sich der Virus der Verlogenheit in jede Ader und jedes Organ des sozialen Organismus einschleicht, wäre es abnormal und unmoralisch, wenn darauf kein einziger Mensch reagieren würde. Es ist eher ein gesundes Zeichen, daß die Reaktion zuweilen die Form ausdrücklichen Protestes annimmt, solange wir daran festhalten, daß die Einsamkeit kein Zufluchtsort für Protestierer ist. Aber wenn in der Berufung zum Einsamsein ein Element des Protestes steckt, dann bedarf das einer kompromißlosen Spiritualität. Sie muß tief und innerlich und ganz und gar persönlich sein, so daß der allein Lebende jemand ist, der zuallererst ein strenger Kritiker seiner selbst ist. Ist das nicht der Fall, so wird er einer Selbsttäuschung anheimfallen, die schlimmer ist als diejenige aller anderen; er wird dann zu einem Lügner werden, der verrückter und noch weit mehr von sich selbst voreingenommen ist als die übelsten seiner Kritiker, und er betrügt dann niemanden mehr als sich selbst.

Die Einsamkeit ist nichts für Rebellen dieser Sorte, und sie speit sie auch prompt wieder aus. Die Wüste ist für diejenigen, die von konventionellen und vorgeblichen Werten heilsam enttäuscht sind und daher auf Erbarmen hoffen. Sie sind selbst solche barmherzige Menschen, denen die Barmherzigkeit versprochen ist (vgl. Matthäus 5,7).

Solche einsam Lebenden kennen die bösen Antriebe in den anderen Menschen daher, weil sie diese Antriebe zuallererst in sich selbst erfahren.

Gewiß: das Wort der Wahrheit muß ausgerufen werden. Das kann niemand in Abrede stellen. Aber nicht wenigen dämmert es immer mehr, daß es völlig sinnlos ist, noch mehr Worte zu dem unablässigen Strom von Aussagen hinzuzufügen, der sinnlos jeden überall von morgens bis abends überschwemmt. Damit die Sprache wieder einen Sinn bekommt, muß es irgendwo Schweigepausen geben, um Wort von Wort und Äußerung von Äußerung unterscheidbar zu machen. Wer sich in Stille und Schweigen zurückzieht, haßt nicht notwendigerweise die Sprache. Vielleicht sind es gerade die Liebe und die Ehrfurcht vor der Sprache, die ihm das Schweigen auferlegen.

(1960: Notes for a Philosophy of Solitude, 178–181.)

NEUENTDECKUNG DER KOSTBARKEIT
VON MENSCH UND SCHÖPFUNG

*Es war die Zeit, in der sich in ihm der Wunsch verstärkte,
das allzu enge kollektive Leben des Trappistenklosters zu
verlassen und Einsiedler zu werden und er um die Genehmigung dafür kämpfte. Auch – oder sogar gerade – der Mönch
ist in Gefahr, eine oberflächliche Rolle zu spielen, ohne mit
aller Ernsthaftigkeit aus jenen Tiefen zu leben, die zu er-
gründen sein Beruf ist. Unmerklich können die Zwänge und
Eigengesetzlichkeiten der „Welt des Klosters" genau die gleichen Charakterzüge annehmen wie die Zwänge und Eigengesetzlichkeiten der „Welt" mit ihren Illusionen und
Lebenslügen, aus der der Mönch hatte ausziehen wollen. Sie
sind umso gefährlicher, als sie ganz und gar in ein religiöses
Gewand gehüllt sind und stets einen Tiefsinn vorgeben, dessen sie in Wirklichkeit ganz bar sein können. Später schrieb
Merton:*

Ich habe mich Schritt für Schritt aus der mönchischen In-
stitution zurückgezogen, bis ich jetzt schließlich allein in
den Wäldern lebe und nicht mehr den Anspruch erhebe, irgendetwas zu sein. („Lebenslauf" vom Mai 1967, 492).

*Seine zunehmende Abneigung gegen alles Verlogene rührte
aus der Begegnung mit jener Klarheit, Unschuld und Transparenz, die in allen Dingen und Menschen verborgen liegt,
und die sich ihm in Zeiten der Stille zunehmend erschloß.*

*Das half ihm, die „Welt", die er vor Jahren „verlassen" hatte,
mit neuen Augen wieder zu entdecken und zu lieben.*

Das Tal erwacht. Um zwei Uhr fünfzehn morgens ist kein
Laut zu hören, außer im Kloster: die Glocken läuten, das
Nachtgebet beginnt. Draußen: nichts. Höchstens ein Ochsenfrosch im Bach oder im Weiher des Gästehauses sagt
„Om". Manche Nächte ist er im Samadhi; dann sagt er
nicht einmal „Om".

Das geheimnisvolle pausenlose Rufen des Ziegenmelkers
setzt zur Zeit erst gegen drei Uhr ein. Er ist nicht immer in
der Nähe. Manchmal rufen zwei miteinander, vielleicht
eine Meile von hier in den Wäldern Richtung Osten.

Das erste Zirpen der erwachenden Tagvögel bezeichnet
den „point vierge" der Morgendämmerung unter einem
Himmel, der noch ohne wirkliches Licht ist, einen Augenblick der Scheu und der unaussprechlichen Unschuld,
wenn der Vater in vollkommenem Schweigen ihre Augen
öffnet. Sie beginnen mit Ihm zu plaudern, nicht in einem
flüssigen Lied, sondern mit einer aufdämmernden Frage,
die ihrer Verfassung entspricht, ihrer Verfassung des „point
vierge". Sie sind an dem Punkt, an dem die Frage in ihnen
aufwacht, ob es für sie Zeit sei, zu „sein". Er antwortet mit
„Ja". Dann erwachen sie, einer nach dem andern, und werden Vögel. Sie offenbaren sich als Vögel, indem sie zu singen anfangen. In kürzester Zeit werden sie ganz sie selbst
sein, und sie werden sogar fliegen.

Das ist der wunderbarste Augenblick des Tages: wenn die
Schöpfung in ihrer Unschuld um Erlaubnis bittet, noch einmal „sein" zu dürfen, wie sie es am ersten aller Morgen getan hat.

An diesen blinden köstlichen Punkt sucht sich alle Weisheit zu sammeln und zu offenbaren. Der Weisheit des Menschen gelingt das kaum mehr, denn wir haben uns zu selbstmächtigen Herren aufgeschwungen und wollen niemanden um Erlaubnis fragen. Wir schauen unseren anbrechenden Tagen als Menschen voller kühner Zwecke entgegen. Wir wissen, was Zeit bedeutet und wir diktieren die Termine. Jedenfalls meinen wir, in der Lage zu sein, Termine zu diktieren; wir haben eine Uhr, die von Anfang an beweist, daß wir Recht haben. Wir wissen, wieviel Uhr es ist. Wir greifen in die verborgenen inneren Gesetze ein. Wir können im Voraus sagen, wie der Tag beschaffen sein wird. Wir werden nötigenfalls die entsprechenden Vorkehrungen treffen, damit er unseren Erfordernissen entspricht.

Bei den Vögeln ist das anders. Sie rufen keine Uhrzeit aus, sondern bezeichnen den jungfräulichen Punkt zwischen Dunkelheit und Licht, zwischen Nichtsein und Sein. Wenn Du genügend Erfahrung hast, kannst Du aus dem Zeitpunkt ihres Aufwachens die Uhrzeit erschließen. Aber das tust Du infolge Deiner Torheit, nicht der ihren. Schlimmere Torheit noch, wenn Du meinst, sie wollten Dir etwas sagen, was Du für nützlich halten müßtest – daß es, zum Beispiel, vier Uhr sei.

So erwachen sie: erst die Spottdrosseln und Kardinale und einige andere, die ich nicht kenne. Später die Singspatzen und die Zaunkönige. Als letzte von allen die Tauben und die Krähen.

Das Aufwachen der Krähen gleicht am meisten dem Aufwachen der Menschen: nörgelig, geräuschvoll, grob.

Hier ist ein unaussprechliches Geheimnis: das Paradies ist rings um uns – und wir verstehen nichts. Es steht weit offen. Das Flammenschwert ist längst entfernt – aber wir wissen es nicht: wir können nicht kommen, weil wir verhindert sind. „Der eine hat einen Acker gekauft und muß jetzt gehen und ihn besichtigen. Der andere hat fünf Joch Ochsen gekauft und muß auf den Weg, sie sich genauer anzusehen." Lichter an. Uhren ticken. Thermostaten funktionieren. Herde kochen. Elektrische Rasierapparate stören Radios.

„Weisheit!" ruft der Diakon im Morgengrauen, aber wir hören nicht hin.

*

Mich beschäftigt immer wieder dieser Ausdruck „le point vierge" (ich kann ihn nicht angemessen übersetzen). Im innersten Kern unseres Wesens gibt es einen Punkt, klein wie ein Nichts, an den Sünde und Illusion nicht zu rühren vermögen. Es ist der Punkt der lauteren Wahrheit, ein Punkt oder Funke, der ganz Gott gehört. Nie können wir über diesen Punkt verfügen, sondern Gott fügt von diesem Punkt aus unser Leben. Er läßt sich nicht von den Phantasien unseres eigenen Geistes erreichen, er läßt sich nicht mit gewalttätigem eigenem Wollen erobern. Dieser kleine Punkt der Nichtigkeit und der absoluten Armut ist der Punkt der reinen Herrlichkeit Gottes in uns. Er ist sozusagen der Name Gottes, der in unser innerstes Wesen geschrieben ist, als unsere Armut, als unsere Bedürftigkeit, als unsere Abhängigkeit, als unsere Gottessohnschaft. Er ist wie ein reiner Diamant und funkelt vom unsichtbaren Licht des Himmels. Er steckt in jedem Menschen, und wären wir imstande, ihn zu sehen, dann würden wir sehen, daß Milliarden solcher Lichtpunkte sich zum Gesicht und zum Strahlen einer Sonne vereinigen, die alle Dunkelheit und alle Grausamkeit des Lebens restlos verscheuchen würde. Ich kenne kein Programm dafür, wie man dahin kommen kann, das zu sehen. Es kann einem nur geschenkt werden. Aber das Tor zum Himmel ist überall.

*

In Louisville, an der Ecke von Fourth und Walnut Street, mitten in der Einkaufspassage, überwältigte mich plötzlich das Bewußtsein, daß ich alle diese Menschen liebte, daß sie mir gehörten und ich ihnen, daß wir einander nicht fremd sein konnten, obwohl wir ganz und gar Fremde füreinander waren. Es war, als erwachte ich aus einem Traum des Abgetrenntseins, des Isoliertseins als Partikel in einer Eigenwelt für mich, in der Welt der Entsagung und der vorgeblichen Heiligkeit. Die ganze Illusion, man könne abgetrennt von der übrigen Menschheit eine heilige Existenz führen, ist ein frommes Wunschbild. Nicht daß ich die Realität meiner Berufung, meines Mönchslebens in Frage stelle: aber der Begriff einer „Trennung von der Welt", den wir im Kloster haben, erweist sich allzuleicht als eine vollständige Illusion: als die Illusion, daß wir durch die Tatsache, Gelübde abzulegen, zu einer besonderen Art von Wesen werden, zu Pseudoengeln, zu „geistlichen Menschen", Menschen des inneren Lebens oder was immer dergleichen.

(1965: Conjectures of a Guilty Bystander 131–132; 156–158)

Warum nur sind wir Menschen derart unfähig, von diesen Gründen her unsere Welt zu sehen und unser Leben zu gestalten?

UM DER WEISHEIT WILLEN DEN AKTIVISMUS ZÜGELN

Jeder von uns hat ein instinktives Bedürfnis nach Harmonie und Frieden, nach Ruhe, Ordnung und Sinn. Keiner dieser Werte scheint ein hervorstehender Charakterzug der modernen Gesellschaft zu sein. Träumt jemand dennoch gelegentlich von einem Leben in mehr Muße und sehnt sich nach einem höheren geistlichen Zustand der Ruhe, der Entspannung und der ungetrübten Freude, so werden in ihm alsbald Gefühle wach, die unterstellen, er täusche sich selbst und mache sich deshalb der Flucht vor der Wirklichkeit schuldig. Die Folge ist, daß er Hoffnungslosigkeit und Ekel empfindet, den Traum verwirft und sich in hemmungslosen Aktivismus stürzt.

Wir müssen also klar sehen, daß schon der bloße Gedanke an ein kontemplatives Dasein dazu angetan ist, denjenigen zutiefst zu verunsichern, der sich ihm ernsthaft hingibt. Dieser Gedanke läuft unserer modernen Lebensart völlig zuwider und scheint offensichtlich auf Unmögliches ausgerichtet zu sein.

Das Ideal des inneren Friedens mag ja durchaus seine Anziehungskraft behalten – doch die Mühe auf dem Weg dorthin scheint uns derart zu überfordern, daß wir sie nicht mehr aufbringen können. Wir möchten zwar still werden, aber unsere Ruhelosigkeit gestattet uns das nicht. Folglich sind wir der Überzeugung, daß wir den Frieden nur in einem Leben finden können, das randvoll mit Bewegung und Aktivität angefüllt ist, mit Reden, Neuigkeiten, Kommunikation, Erholung, Zerstreuung. Wir suchen den Sinn unseres Lebens in der Aktivität um ihrer selbst willen, in einem ziellosen Aktivismus, in Erfolg ohne Frucht, in Wissenschaftlichkeit, im Kult grenzenloser Macht, im Bedienen von Maschinen als Selbstzweck. Und wir stellen uns vor, daß all das auf irgendetwas Sinnvolles hinauslaufe. Das Leben hektischer Aktivität wird in höchsten Tönen gelobt und anerkannt, als bestünde darin der ganze Sinn und das Glück des Menschen – oder genauer: als hätte das Leben des Menschen keinen Sinn in sich selbst, sondern bedürfe der Sinnzuführung von irgend einer Quelle von außer her, von einer Gesellschaft, die ganz versessen den gigantischen Versuch unternimmt, den Menschen über sich selbst hinauszuheben.

Tatsächlich ist der Mensch dazu berufen, sich selbst zu überschreiten. Aber genügen dazu seine eigenen Anstrengungen?

Der Grund für diese innere Verwirrung und diesen Konflikt liegt darin, daß in unserer technologischen Gesellschaft kein Platz mehr für die Weisheit ist, die die Wahrheit um ihrer selbst willen sucht, die die Fülle des Seins sucht, die danach sucht, im Schauen in den letzten Grund allen Daseins zu ruhen.

Ohne Weisheit bleibt der vordergründige Gegensatz zwischen Aktion und Kontemplation, zwischen Arbeit und Ruhe, zwischen Engagement und innerem Abstand unauflösbar.

Alte und traditionelle Gesellschaften sowohl in Asien als auch im Westen kannten immer sehr ausdrücklich „den Weg" des Weisen, den Weg der geistlichen Disziplin, der sowohl Weisheit als auch Methode umfaßte, und auf dem – sei es in der Kunst, in der Philosophie, in der Religion oder im Mönchsleben – einige Menschen zum inneren Sinn des Daseins zu gelangen vermochten. Dort machten sie die *Er-*

fahrung dieses Sinnes für alle ihre Brüder und Schwestern, und sie brachten sozusagen in sich selbst die Aufspaltungen oder Komplikationen auf einen Nenner, die das Leben ihrer Mitmenschen so verwirrten. Indem sie die Aufspaltungen in sich selbst heilten, trugen sie dazu bei, die Aufspaltungen in der ganzen Welt zu heilen. Sie brachten es fertig, in sich selbst jene Einheit zu verwirklichen, die die höchste Form der Aktion und zugleich die reinste Form des Ruhens ist, wahres Wissen und selbstlose Liebe, ein Wissen jenseits alles Wissens in Leere und Nichtwissen; ein Wollen jenseits alles Wollens in offensichtlicher Nicht-Aktivität. Sie erreichten die Form höchstens Strebens, indem sie alles Streben und allen Wettbewerb hinter sich ließen.

Dieser Weg der Weisheit ist kein Traum, keine Versuchung und keine Ausflucht, im Gegenteil: er führt zur tiefsten Wurzel der Wirklichkeit hin. Er bedeutet keine Flucht aus allen Widersprüchen und Verwirrungen, denn er erschließt die Einheit und die Klarheit nur, wenn sich der Mensch von ihm mitten in den Widerspruch führen läßt; wenn er willens ist, Leere und Leiden anzunehmen und wenn er all den Leidenschaften und fixen Ideen entsagt, von denen die ganze Welt „heiß" ist. Dieser Weg führt nicht am Feuer vorbei. Er lenkt in den Herd des Feuers, und doch bleibt man auf diesem Weg „cool", denn man ist von jener Güte und Demut beschirmt, mit der man umhüllt wird, wenn man sich selbst rückhaltlos aufs Spiel setzt und folglich keine Bestätigungen für sein illusorisches äußeres Selbst sucht.

Der Verfasser dieser Zeilen ist in ein Kloster eingetreten und er ist jetzt, nach über zwanzig Jahren, noch immer darin. Er ist immer noch fest davon überzeugt, daß es den Weg, auf dem er zu reisen versucht, wirklich gibt; er versucht immer noch, die Illusionen besser zu verstehen, denen man auf diesem Weg ausgeliefert wird, ohne deshalb diesen Weg selbst verlassen zu wollen. Hat der Mensch einmal seinen Fuß auf diesen Weg gesetzt, gibt es keine Entschuldigung mehr dafür, ihn wieder zu verlassen. Wer nämlich wirklich auf diesem Weg ist, der erkennt ohne Zweifel und Zögern, daß einzig dieser Weg ganz wirklich und daß alles andere Täuschung ist – es sei denn, es hätte auf irgendeine geheime und verborgene Weise mit „dem Weg" zu tun.

Dem Verfasser liegt es also fern, diesen Weg zu verlassen; er möchte lediglich weiter und immer weiter auf ihm vorankommen.

Diese Reise ohne Wanderkarte führt ihn in eine zerklüftete Gebirgslandschaft voller Nebelschwaden und Stürme, und er gerät in immer tiefere Einsamkeit. Wenn er die Hänge im Dunkeln hinaufklettert und immer beißender seine eigene Leere empfindet, und wenn der Eiswind grausig durch seine längst zerschlissenen Kleider fegt, begegnet er zuweilen dennoch unterwegs anderen Reisenden, genauso armen Pilgern, wie er einer ist, und genauso einsamen Wanderern wie er, die vielleicht aus anderen Ländern und von anderen Traditionen herkommen. Natürlich unterscheidet ihn vieles von ihnen, und doch haben sie vieles gemeinsam. Tatsächlich kann der Verfasser sagen, daß er sich den Zen-Mönchen des alten Japan viel näher fühlt als den geschäftigen und ungeduldigen Menschen des Westens und seines eigenen Landes, die in Begriffen von Geld, Macht, Publicity, Maschinen, Geschäft, politischem Vorteil, militärischer Strategie denken – die, kurz gesagt, triumphierend die Bestätigung ihres eigenen Willens und ihrer eigenen Macht suchen und das als ihr Lebensziel erachten.

Ist das nicht vielleicht der dümmste aller Träume, die hartnäckigste und verheerendste aller Illusionen?

Auf jeden Fall steht fest, daß der Weg der Weisheit kein Weg der Ausflucht ist. Vor dem modernen Leben zu fliehen, hieße einen vergeblichen Versuch unternehmen, sich aus seiner Verantwortung dafür davonzustehlen (und seine Vorteile weiter munter wahrzunehmen. Der Weg der Kontemplation ist ein Weg, auf dem man stärker und nachhaltiger seine Verantwortung wahrnimmt) und auf Vorteile – und Illusionen – zu verzichten.

Die allererste und wichtigste Bedingung dafür, den kontemplativen Weg einschlagen zu können, besteht darin, daß man dieser fixen Idee entsagt, es gehe in unserem Leben darum, daß sich der individuelle oder kollektive Wille zur Macht durchsetzen müsse. Denn dieser aggressive und ichbezogene Hang zum Besitz und zur Ausübung von Macht setzt ein völlig anderes Wirklichkeitsverständnis voraus als dasjenige, das sich dem Menschen eröffnet, der den kontemplativen Weg als Reiseroute wählt.

Im Weltbild dessen, der aggressiv alles beherrschen will, steht im Mittelpunkt von allem das individuelle Selbst mit seiner körperlichen Gestalt, seiner Wahrnehmung und seinen Gefühlen, seinen Vorlieben und Bedürfnissen, seinen Neigungen zum Lieben und Hassen, seinen Aktionen und Reaktionen. All das zusammen betrachtet man als grundlegende und unzweifelhafte Wirklichkeit, auf die hin alles andere ausgerichtet werden muß. Die ganze übrige Welt, alle Individuen, alle Aktionen und Reaktionen erhalten dann ihren Stellenwert unter dem Gesichtspunkt zugeteilt, wie sie die Interessen des individuellen Selbst berühren oder beeinträchtigen. Die Welt erscheint dann als ein Sammelsurium begrenzter Wesen, die miteinander im Konflikt sind. Alle sind in die Grenzen ihrer eigenen Individualität eingeschlossen, allen gemeinsam ist darum eine dauernde und schmerzliche Unvollständigkeit, und alle trachten danach, eine gewisse Vollständigkeit zu finden, indem sie sich auf Kosten anderer bestätigen und andere beherrschen und benützen.

Wenn man das durchschaut, bietet sich die ganze Welt als ein einziger riesiger Kriegsschauplatz dar, auf dem der einzig mögliche Friede dadurch zustande kommt, daß der Starke siegt.

Damit er jedoch auch in den Genuß der Freude dieses Sieges kommt, muß sich der Schwache dem Starken unterwerfen und sich an seinen Feldzügen beteiligen. Dann gewährt ihm dieser Anteil an seiner Macht. So entsteht eine verlogene, wenig überzeugende Einheit: die Einheit des großen Haufens, die Einheit solcher, die ohne Liebe und ohne Verständnis füreinander als Ergebnis der Wechselfälle des Machtgerangels zusammengeworfen worden sind.

Vom Standpunkt „des Weges" her ist diese Einheit nichts als ein kollektives Monster. Es besitzt keinen wirklichen Daseinsgrund und überhaupt keine Einheit. So nachdrücklich es auch für sich die Würde eines wirklich gemeinschaftlichen und menschlichen Wesens in Anspruch nehmen mag – es erhebt den Menschen nicht durch ein wirklich gemeinschaftliches Zusammenwirken von lebendigen Personen. Es treibt ihn lediglich mit verrückten und unwiderstehlichen Forderungen an, beutet ihn aus, entfremdet ihn von der Wirklichkeit und verlangt von ihm blinde, irrationale und totale Unterwerfung.

Das Leben des Massenkollektivs ist so beschaffen, daß es im Menschen sein tiefstes Bedürfnis und seine Fähigkeit zur Kontemplation zerstört. Es trocknet die sprudelnden Quellen des Mitfühlens und des Verständnisses füreinander aus. Es pervertiert den schöpferischen Genius und vernichtet das unschuldige Anschauenkönnen, dessen der Mensch fähig ist, wenn er im Einklang mit der Natur steht.

Auf lange Sicht wird das Massenkollektiv zu einem riesigen Haufen organisierten Hasses, zu einem großen und organisierten Todeswunsch, und es bedroht sein eigenes Dasein und das des gesamten Menschengeschlechts.

Ein kontemplativer Mensch hat in dieser Welt geballter Konflikte und kollektiver Unvernunft die Aufgabe, nach dem wahren Weg der Einheit und des Friedens zu suchen, ohne dabei der Illusion zu verfallen, er könne sich in einen abstrakten Bereich zurückziehen, aus dem sich unliebsame Realitäten durch einen schlichten Willensentschluß ausblenden ließen. Nein: Er nimmt die Welt aus einem völlig anderen Blickwinkel in Augenschein und hält so in der Welt ein geistliches und intelligentes Bewußtsein lebendig, das die Wurzel des wirklichen Friedens und der wahren Einheit unter den Menschen ist. Selbstverständlich nimmt auch dieses Bewußtsein unsere Lebenswirklichkeit nüchtern dergestalt zur Kenntnis, wie sie wirklich ist – aber es weigert sich, sie als nicht hinterfragbare Ausgangsposition hinzunehmen.

Tatsächlich ist nämlich das, was uns vorgegeben ist, weder unser individuelles, konkretes Selbst, noch eine abstrakte und ideale Vorstellung unserer selbst, die nur in unserem Kopf existieren kann. Das, was uns in Wirklichkeit vorgegeben ist, ist das Sein selbst, das in allen existierenden Wesen ein und dasselbe ist, sie an sich teilhaben läßt und sich durch sie offenbart. Das Ziel des Kontemplativen ist im Allertiefsten das Wahrhaben dieser Herrlichkeit des Seins und der Einheit – einer Herrlichkeit, in der er mit allem Seienden eins ist.

Jedoch weniger tief ist es der transzendente Grund und die Quelle allen Seins, das Nicht-Sein und die Leere, was so genannt wird, weil es absolut jenseits aller Definitionen und Grenzen liegt. Dieser Grund und diese Quelle ist nicht einfach eine träge und passive Leere, sondern für den Christen ist das reiner Akt, reine Freiheit, reines Licht. Die Leere, die „reines Sein" ist, ist das Licht Gottes, das nach den Worten des Johannesevangeliums „jedem Menschen leuchtet, der in die Welt kommt".

Das Evangelium sieht ausdrücklich alles Sein aus dem Vater hervorkommen, aus Gott, in seinem Wort, das das Licht der Welt ist. „In Ihm (dem Wort) war das Leben, und dieses Leben war Licht für alle Menschen, und das Licht leuchtete in der Finsternis, aber die Finsternis konnte es nicht begreifen." (Joh 1, 4–5).

Bei der kontemplativen Weisheit handelt es sich also nicht einfach um die ästhetische Extrapolation bestimmter intellektueller oder dogmatischer Prinzipien, sondern um einen lebendigen Kontakt mit der Unendlichen Quelle allen Seins, um einen Kontakt nicht lediglich der Gedanken und der Herzen, nicht lediglich von „Ich und Du", sondern um eine transzendente Einheit im Bewußtsein, bei der der Mensch und Gott „ein Geist" werden, um einen Ausdruck des heiligen Paulus zu gebrauchen.

Obwohl dieses kontemplative Einssein eine extreme Intensivierung des bewußten Wahrnehmens ist, eine Art *totaler Bewußtheit,* hat es streng genommen nichts mit irgendeiner außergewöhnlichen Schau zu tun, sondern ist eher ein Nicht-Schauen, das sich in Liebe völlig ausliefert und so den allumfassenden Sinn jenseits der Grenzen aller Begriffe und Bilder findet. Gott selbst ist nicht nur reines Sein, sondern auch reine Liebe, und ihn erkennen heißt, mit ihm in der Liebe eins werden.

(1965: Vorwort zur japanischen Ausgabe von Seeds of Contemplation, 65–71).

Diese Gedanken hat Thomas Merton 1965 für das Vorwort zur japanischen Ausgabe seines Buches „Seeds of Contemplation" (in den USA 1949 erschienen) verfaßt. Wie er darin sagt, war er inzwischen den geistlichen Traditionen des Fernen Ostens begegnet und hatte darin Werte entdeckt, die das abendländische Christentum zwar auch kannte, aber jahrhundertelang sträflich vernachlässigt hatte. Das war wohl die wichtigste Ursache dafür, daß die westliche Welt einseitig ihr technisches Können entwickelt, ein lärmendes Wesen entfaltet und die Weisheit der Stille hat verkümmern lassen. Darum ist in dieser lauten Herberge kaum mehr Platz für das wesentliche, erleuchtende, rettende Wort Gottes.

DIE LAUTE HERBERGE DER WELT

„... weil in der Herberge kein Platz für sie war."
(Lukas 2, 7).

In der übervölkerten Herberge konnte unmöglich Platz für
sie sein. Denn unmöglich konnte das Wort in eine form-
lose, passive Masse hineingeboren werden. Das Wort
konnte kein Massenmensch, kein Menschenwesen ohne eigenes Gesicht werden. Daher war es ganz natürlich, daß für
ihn in der Menge kein Platz war.

Die Botschaft einer großen Freude kann nicht in einer
überfüllten Kneipe verkündet werden. In der dichten
Menge gibt es unablässig neue freudige und katastrophale
Botschaften. Wo jede neue Ankündigung alle vorherigen
in den Schatten stellt, wo jeweils die heutige Katastrophe
alles je Dagewesene übertrifft, wo die Gefahr jedes Tages
das äußerste Opfer abverlangt, werden alle Neuigkeiten
und alle Unterschiede eingeebnet; alle werden gleich-gül-
tig. Die Nachrichten werden zum bloßen Lärm in den
Ohren; sie treten kurz an die Stelle des vorausgegangenen
Lärms und weichen alsbald dem darauffolgenden Lärm, so
daß schließlich alles zu einem einzigen monotonen und
sinnentleerten Geräusch verschwimmt. Etwas Neues? Es
gibt pausenlos so viel Neues, daß kein Platz mehr für die
wirklich neue Botschaft bleibt, für die „Gute Nachricht",
die „große Freude, die dem ganzen Volk zuteil werden
soll" (Lukas 2, 10).

Folglich wird die „große Freude" abseits davon verkündet, im Schweigen, in der Einsamkeit und Dunkelheit, an „Hirten auf freiem Feld", die „Nachtwache hielten bei ihrer Herde" (Lukas 2, 8) und offensichtlich unberührt waren von den Gerüchten und dem, was in der Masse brodelte. Sie sind die übriggebliebenen Nachfahren der Wüstenbewohner, der Nomaden, sie sind die Menschen, die offiziell nicht zählen. Und sie gehorchen dem Licht. Einzig das wurde von ihnen verlangt.

Wir leben in einer Zeit, in der kein Platz mehr ist, und das ist die Zeit des Endes. Die Zeit eines jeden ist besetzt von Zeitmangel, von Mangel an Platz, von Zeitsparen, von Eroberung des Raums. Die Angst, die all das zur Folge hat, schießen wir mittels der technischen Furien der Größe, des Volumens, der Quantität, der Geschwindigkeit, der Zahl, des Preises, der Macht und der Beschleunigung in Zeit und Raum hinaus.

Das ursprüngliche Segenswort „Wachset und mehret euch" ist unversehens zum schrecklichen Alptraum geworden. Wir zählen bereits etliche Milliarden, hausen in Massen zusammen, werden überwacht, durchnumeriert, hierhin und dorthin gelenkt, gedrillt, ausgerüstet, bis zur Abstumpfung bearbeitet, mit Informationen betäubt, durch Unterhaltung narkotisiert, übersättigt mit allem, vom Ekel an der Menschheit und an uns selbst erfaßt, vom Ekel auch am Leben.

Wenn das Ende kommt, ist auch kein Platz mehr für die Natur. Die großen Städte verdrängen sie vom Angesicht der Erde.

Wenn das Ende kommt, ist auch kein Platz mehr für Stille. Da ist kein Platz mehr für das Alleinsein. Da ist kein Platz mehr für das Nachdenken. Da ist kein Platz mehr für Obacht, für das Bewußtwerden unseres Zustands.

Zur Zeit des endgültigen Endes ist auch kein Platz mehr für den Menschen.

Die den Umstand beklagen, daß in unserer Welt kein Platz mehr für Gott sei, müssen selbst darüber zur Rechenschaft gezogen werden. Haben sie vielleicht zum allgemeinen Zusammenbruch beigetragen, indem sie einen soliden Gott aus Marmor gepredigt haben, der den Menschen sich selbst entfremdet, einen Gott, der sich grimmig wie ein unverträgliches Objekt im Herzen des Menschen ansiedelt und den Menschen verzweifelt die Flucht vor sich selbst ergreifen läßt?

Die Zeit des Endes ist die Zeit der Dämonen, die das Herz besetzen (und vorgeben, Götter zu sein), so daß der Mensch in seinem Inneren keinen Platz mehr für sich selbst findet. Er findet in seinem Herzen keinen Platz zum Ausruhen mehr, nicht weil es voll ist, sondern weil es völlig leer ist. Wenn er doch wüßte, daß die Leere selbst, sofern der Geist über ihr schwebt, ein Abgrund voller schöpferischer Fülle ist ... Aber das kann er nicht glauben. Es gibt keinen Platz mehr für den Glauben.

Es gibt für ihn keinen Platz mehr in den dichten Menschenmassen der eschatologischen Gesellschaft, in der Gesellschaft des Endes, in der alle, für die kein Platz mehr ist, zusammengeworfen werden, herumgeschubst, leibhaftig in einen Strudel leerer Formen geworfen, menschliche Gespenster, die ziellos durch ihre Städte geistern und alle wünschen, sie wären nie geboren worden.

(1965: The Time of the End Is the Time of No Room, 66–71).

Dies sind Worte eines prophetischen Mahners zur Umkehr in einer Zeit, die endzeitlichen Charakter hat und in der die

Menschen, angepeitscht von ihren fixen Ideen vom Glück, wie von Sinnen dem Abgrund zustürzen.

Thomas Merton schrieb sie in seiner Einsiedelei nieder, die ihm 1965 in einem stillen Winkel des Klostergeländes eingeräumt worden war. Sie erwies sich als „Herberge", in der das Wort einkehren konnte – das Wort der Weisheit, das Wort zahlloser Freunde und Gesprächspartner, die brieflich mit ihm in Kontakt waren. Je mehr er sich zurückzog, desto weiter wurde sein Horizont.

JEDES WAHRE WORT TAUCHT AUS DEM SCHWEIGEN AUF.

Im Mai 1966 verfaßte Thomas Merton das Vorwort zur japanischen Ausgabe seines (in den USA 1958 erschienenen) Buches „Thoughts in Solitude", und er versuchte darin, sich auf die Erfahrungs- und Sprachebene des japanischen Zen-Buddhismus zu begeben.

Wenn man etwas schreibt über die einsamen, meditativen Dimensionen des Lebens, kann man nichts sagen, was nicht bereits der Wind im Kiefernwald viel besser gesagt hätte. Die vorliegenden Seiten möchten nicht mehr wiedergeben als das Echo des Schweigens und des Friedens, den man „hört", wenn der Regen frei über die Hügel und Wälder hinzieht.

– Aber wie kann der Wind etwas sagen, wenn niemand zuhört?

Es gibt noch ein tieferes Schweigen: das Schweigen, in dem der Hörer zum Nicht-Hörer wird.

Wer ist dieser Nicht-Hörer?

Auf diese Frage gibt es keine Antwort auf der Ebene der Vernunft. Die einzige Antwort ist das Hören selbst. Das angemessene Klima für solches Hören ist die Einsamkeit.

Oder vielleicht besser: dieses Hören, das ein Nicht-Hören ist, ist selbst Einsamkeit. Warum spreche ist von einem Hören, das Nicht-Hören ist? Weil man sich den Einsiedler nicht als einen „Einzelnen" vorstellen darf, der sich zahlenmäßig von den „vielen anderen" abgesetzt hat; der also lediglich von der Menge ausgezogen wäre, um sein privates Namensschild an einen Felsen in der Wüste zu heften und dort Post zu empfangen, die den Vielen versagt bliebe. Eine solche Einsamkeit wäre eine falsche, eine dämonische Einsamkeit. Das wäre Solipsismus, nicht Einsamkeit, das falsche Einssein des Abgespaltenen, der sein privates Konto eröffnet und seine Selbstbestätigung davon bezieht, daß er mit den andern nichts mehr zu tun haben will.

Das wahre Einssein im Einsiedlerleben ist dasjenige, in dem keinerlei Abtrennung möglich ist. Der wahre Einsiedler sucht nicht sich selbst, sondern er verliert sich selbst. Er vergißt, daß es ein Konto gibt, um alles zu empfangen. Daher ist er ein Nicht-(individueller) Hörer.

Er hat seinen Empfang auf alles Hören in der Welt eingestellt, denn er lebt im Schweigen. Er horcht nicht auf den Grund des Seins, sondern er weiß sich eins mit diesem Grund, in dem alles, was ist, hört und sich selbst kennt. Daher verschwendet er keinen Gedanken mehr an sich selbst.

Was ist dieser Grund, diese Einheit? Er ist Liebe. Das Paradox der Einsamkeit ist, daß ihr wahrer Grund allumfassende Liebe ist – und wahre Einsamkeit ist die ungeteilte Einheit der Liebe, für die es nicht Maß noch Zahl gibt.

Die Liebe ist kein Problem, und auch keine Antwort auf eine Frage. Die Liebe kennt keine Frage. Sie ist der Grund von allem, und Fragen stellen sich nur in dem Maß ein, in dem wir gespalten, abwesend, weit weg, entfremdet von diesem Grund sind.

Aber unsere Gesellschaft ist geradezu darauf angelegt, diese Spaltung, diese Entfremdung, dieses Losgelöstsein, diese Abwesenheit herzustellen. Und so leben wir in einer Welt, die wir mit unseren Besitztümern, unseren Projekten, unserer Ausbeute und unseren Maschinen vollstopfen – in der wir selbst aber abwesend sind.

Wir leben in einer Welt, in der längst die Parole ausgegeben worden ist: „Gott ist tot". Das stimmt sogar in einem gewissen Sinn, denn wir haben die Fähigkeit verloren, die Erfahrung der Wahrheit zu machen, daß wir ganz und gar in Seiner Liebe verwurzelt und gegründet sind.

Wie können wir diese Wahrheit wiederentdecken?

Erst wenn wir sie nicht länger zu suchen brauchen – denn solange wir sie suchen, unterstellen wir, daß wir sie verloren haben. Aber in Wirklichkeit heißt erkennen, daß wir in unserem wahren Grund, in der Liebe, gegründet sind, erkennen, daß wir ohne sie gar nicht sein können.

Diese Erkenntnis ist ohne ein grundlegendes persönliches Einsamsein unmöglich.

Das aufgeregte kollektive Getue mag noch so sehr auf „Ich und Du" aus sein – es wird das nie erlangen. Denn im Grund der Einsamkeit sind „Ich und Du" eins. Und nur aus diesem Grund erwächst wahre Liebe.

Hüten wir uns also davor, die „Liebe" und das „Einsamsein" zum Gegenstand von Frage und Antwort zu machen. Man kann die Antwort nicht in Worten finden, sondern nur, indem man auf einer bestimmten Ebene des Bewußtseins lebt. Folglich handeln diese Seiten von einem geistlichen Klima, einer Atmosphäre, einer Landschaft des Geistes, einer Ebene des Bewußtseins: vom Frieden, vom Schweigen des Alleinseins, in dem der Hörer lauscht und sein Hören ein Nicht-Hören ist.

Das Christentum ist eine Religion des Wortes. Das Wort ist Liebe. Aber zuweilen vergessen wir, daß das Wort ursprünglich aus dem Schweigen auftaucht. Wenn kein Schweigen ist, kann man das Eine Wort, das Gott spricht, nicht wirklich als Liebe hören. Dann hört man nur „Wörter". „Wörter" sind nicht Liebe, denn sie sind viele, wogegen die Liebe eines ist. Wo viele Wörter sind, verlieren wir die Tatsache aus dem Bewußtsein, daß es in Wirklichkeit nur ein einziges Wort gibt. Das Eine Wort, das Gott spricht, ist Er selbst. Im Sprechen offenbart er sich selbst als unendliche Liebe. Sein Sprechen und sein Hören sind eins. Seine Rede geschieht derart im Schweigen, daß unserer Denkungsart sein Reden wie Nichtreden vorkommt, sein Hören wie Nichthören. Jedoch in seinem Schweigen, im Abgrund seiner einen Liebe, werden alle Wörter gesprochen und alle Wörter gehört. Nur in diesem Schweigen unendlicher Liebe haben sie Zusammenhang und Sinn. Indes, wir ziehen sie aus dem Schweigen hervor, um sie voneinander zu trennen, sie unterscheidbar zu machen, ihnen einen spezifischen Klang zu geben, an dem wir sie voneinander unterscheiden können. Das ist notwendig. Doch in allen diesen vielfältigen Geräuschen und Begriffen bleibt die verborgene, geheime Macht des einen Schweigens und der einen Liebe anwesend, die die Macht Gottes ist.

„Als das All in tiefes Schweigen gehüllt war", sagt das Buch der Weisheit (18, 14) „und als die Nacht in ihrem Lauf die Mitte erreicht hatte, da sprang aus der Höhe des Himmels Dein allmächtiges Wort herab vom königlichen Thron." Durch die Aktion, die im Leben und in der Geschichte geschieht, erweist die geheime Nichtaktion von Wort und göttlicher Macht ihre Wirklichkeit. In diesem tiefen Schweigen bleibt die Liebe der Grund der Geschichte.

Selbst wenn man ein gelehrter Mensch ist, wenn man über ein tiefes Wissen um viele Dinge verfügt und vieler Wörter mächtig ist, hat all das nicht viel Wert und ist nicht von wesentlicher Bedeutung, sofern man das Eine Wort, die Liebe, noch nicht gehört hat.

Das Eine Wort hört man nur im Schweigen und in der Einsamkeit des leeren Herzens, des selbstlosen, ungeteilten Herzens, des Herzens, das in Frieden ist, losgelöst, frei, sorglos. In der Sprache des Christentums ist diese Freiheit der Bereich des Glaubens und der Hoffnung, aber vor allem der Liebe. „Hätte ich vollkommenen Glauben ..., aber die Liebe nicht, so wäre ich nichts" (1. Korintherbrief 13,2). „Jeder, der nicht liebt, ist noch im Tod" (1. Johannesbrief 3,14).

Wo ist das Schweigen? Wo ist die Einsamkeit? Wo ist die Liebe? Letzten Endes kann all das nirgendwo sonst gefunden werden als im Grund unseres eigenen Wesens. Dort, in den schweigenden Tiefen, gibt es keine Trennung mehr zwischen dem Ich und dem Nicht-Ich. Dort herrscht vollkommener Friede, denn wir haben unseren Grund in einer unendlich schöpferischen und erlösenden Liebe. Dort begegnen wir Gott, den kein Auge sehen kann, und in Dem, wie Paulus sagt, „wir leben und uns bewegen und sind" (Apostelgeschichte 17,28). In ihm finden wir auch die Einsamkeit, sagt Johannes vom Kreuz, und wir stellen fest, daß das Alles und das Nichts einander begegnen und das Selbe sind.

Wo hinter und zwischen den vielen Worten der Lehre kein Schweigen mehr ist, da ist keine Religion mehr, sondern nur noch eine religiöse Ideologie. Denn die Religion weist über alle Worte und Taten hinaus und rührt nur in Schweigen und Liebe an die letzte Wirklichkeit. Wo dieses Schweigen fehlt, wo nur die „vielen Wörter" sind und nicht das Eine Wort, da ist viel Umtrieb und Aktivität, aber kein Friede, kein tiefes Nachdenken, kein Verstehen, keine innere Ruhe. Und wo kein Friede ist, da gibt es kein Licht und keine Liebe. Der Geist, der hyperaktiv ist, meint von sich selbst, er sei wach und produktiv, aber er stolpert nur als Traumwandler umher, getrieben von Phantasie und Zweifel.

Wir müssen es wieder lernen, zur Ruhe der Gottesverehrung zurückzufinden, zum ehrwürdigen Frieden des Gebets, zur Anbetung, in dem das Ego sich ganz und gar in Schweigen hüllt und klein wird von der Gegenwart des Unsichtbaren Gottes, um sein Eines Wort der Liebe zu empfangen. Bei diesen „Aktivitäten", die „Nichtaktionen" sind, wacht der Geist in Wahrheit auf vom Traum eines geschwätzigen, verwirrten und ruhelosen Daseins. Wenn wir in diesem Nicht-Tun verwurzelt sind, sind wir bereit zu jederlei Tun.

Weil ihm genau das fehlt, hat der moderne westliche Mensch Angst vor der Einsamkeit. Er ist unfähig, allein und still zu sein. Mit seiner geistlichen und geistigen Krankheit steckt er die Menschen im Osten an. Asien ist der schlimmen Versuchung ausgesetzt, sich von der Gewalttätigkeit und dem Aktivismus des Westens mitreißen zu lassen; immer mehr kommt ihm seine traditionelle Hochschätzung der Weisheit der Stille abhanden. Deshalb ist es heutzutage umso notwendiger, das Klima der Einsamkeit und des Schweigens neu zu entdecken.

Allerdings kann nicht jeder ausziehen und für sich allein leben. Aber in Augenblicken der Stille, der Meditation, der Erleuchtung und des Friedens lernt man, überall still und allein zu sein. Man lernt es, selbst mitten in einer Menschenmenge von einer Atmosphäre der Einsamkeit umhüllt zu sein. Denn man lernt, ein Hörer zu werden, der ein Nicht-Hörer ist, und man lernt, alle Wörter zu vergessen und nur auf das Eine Wort zu horchen, das ein Nicht-Wort zu sein scheint. Man öffnet die innere Tür seines Herzens für das unendliche Schweigen des Geistes, aus dessen Abgründen die Liebe unfehlbar hervorsprudelt und sich allen mitteilt. In Seinem Schweigen offenbart sich schließlich der Sinn jedes Lauts. Nur in Seinem Schweigen kann man die Wahrheit der Wörter ausmachen, nicht in ihrem Nebeneinanderstehen, sondern in ihrem gemeinsamen Zeigen auf die letzte Mitte, die Liebe. Alle Wörter sagen dann nur eines: daß *alles Liebe ist.*

Heidegger hat gesagt, unsere Beziehung zu dem, was uns am nächsten liege, sei immer verworren und kraftlos. Was liegt uns näher als die Einsamkeit, die der Grund unseres Daseins ist? Sie ist immer da. Genau aus diesem Grund verkennen wir sie unablässig. Denn sobald wir an sie denken, wird uns unbehaglich zumute; wir machen sie zum „Gegenstand" unserer Betrachtung, und unsere Beziehung zu ihr verfälscht sich. Tatsächlich sind wir uns selbst so nahe, daß es wirklich keine „Beziehung" zum Grund unseres eigenen Daseins gibt. Können wir nicht einfach wir selbst *sein,* ohne darüber nachzudenken? Das ist wirkliche Einsamkeit.

Stimmt es, daß man in die Einsamkeit geht, um „zur Wurzel des Daseins vorzustoßen"? Besser würde man einfach sagen, daß man in der Einsamkeit an der Wurzel ist. Wer allein ist und sich dessen bewußt wird, was seine Einsamkeit bedeutet, findet sich selbst schlicht und einfach im Grund des Lebens vor. Er ist „in Liebe", ist verliebt in alle, in jeden einzelnen, in alles. Darüber wundert er sich nicht, und er ist imstande, aus einem entwaffnenden und unaufregenden Wirklichkeitssinn zu leben, der unerklärlich scheint. Er lebt also wie ein Samenkorn, das in den Grund gesenkt worden ist.

Christus hat gesagt, das Samenkorn im Grund müsse sterben. Ein Samenkorn im Grund eines anderen Lebens zu sein, heißt, sich in diesem Grund aufzulösen, um Frucht zu bringen. Man verschwindet in die Liebe hinein, um „Liebe zu sein". Aber dieses Fruchtbarsein geschieht jenseits alles Planens und alles Verstehens der Menschen. Um „fruchtbar" in diesem Sinn zu sein, muß man jeden Gedanken ans Fruchtbarwerden ohne Produktivsein lassen und schlicht und einfach *sein.* Die eigene Fruchtbarkeit ist ein Akt des

Glaubens und zugleich ein Akt des Zweifels: des Zweifels an all dem, wofür man sich selbst bislang gehalten hatte, und des Glaubens an etwas, was man sich von sich selbst noch gar nicht vorstellen kann.

Der „Zweifel" löst die Identität unseres Ego auf. Der Glaube schenkt uns Leben in Christus, nach dem Wort des Paulus: „Ich lebe, aber nicht mehr ich, sondern Christus lebt in mir." (Galaterbrief 2, 20). Dies anzunehmen ist unmöglich, solange man nicht seine eigene Hoffnung darauf gesetzt hat, man werde auf unbegreifliche Weise fruchtbar, wenn sich das Ego im Grund des Seins und der Liebe auflöst.

Eine derartige Hoffnung ist nicht Ergebnis menschlichen Nachdenkens, sondern ein verschwiegenes Geschenk der Gnade. Die Gnade trägt uns mit ihrem göttlichen und verborgenen Beistand.

Es wäre unmenschlich, sollten wir unserer eigenen Auflösung zustimmen, ohne nicht zugleich der Ganzheit und Vollständigkeit aller Wesen in Gottes Liebe teilhaftig zu werden. Wir sagen deshalb zu unserem Leerwerden Ja, weil wir wahrnehmen, daß unsere Leere selbst sich in Erfüllung und Fülle wandelt. In unsere Leere hinein wird das Eine Wort klar und deutlich gesprochen. Es sagt: „Ich lasse dich nicht fallen und verlasse dich nicht" (Hebräerbrief 13, 5), denn ich bin dein Gott, ich bin Liebe.

Diesen Grund verlassen, um sich mit vielerlei Aktivitäten ins Getümmel von Mensch und Gesellschaft zu stürzen, kann zur bloßen Illusion werden und zu einer nur eingebildeten Fruchtbarkeit führen.

Der moderne Mensch glaubt, er sei dann fruchtbar und produktiv, wenn sein Ego aggressiv bejaht wird, wenn er sichtlich aktiv ist und wenn seine Aktion meß- und wägbare Resultate erzielt. Aber diese Aktivität verwickelt sich immer mehr in Widersprüche. Die reichste und wissenschaftlich bestentwickelte Kultur auf der Welt, die potentiell auf unbegrenzte Produktion ausgelegt ist, verwendet ihre ungeheure Macht und ihren Reichtum nicht darauf, Fruchtbares zu leisten, sondern Vernichtungswaffen herzustellen. Unter solchen Umständen mögen die Menschen sich zwar nach Frieden sehnen, aber ihre Sehnsucht ist nur eine Illusion, die unerfüllbar bleibt. Solche Menschen leben in immerwährender Selbstverteidigung.

Wer sich aus Protest gegen dieses Sich-selbst-zur-Strecke-Bringen voller Verachtung in sein enttäuschtes Ego verkriechen möchte, würde in eine ganz falsche Art von Einsamkeit geraten. In die wirkliche Einsamkeit gehen, heißt nicht, sich aus dem gewöhnlichen Leben zurückzuziehen; im Gegenteil, die Einsamkeit ist der Grund des gewöhnlichen Lebens. Sie ist der Grund jenes einfachen, bescheidenen, ganz und gar menschlichen Tätigseins, mit dem wir in Stille unseren Lebensunterhalt verdienen und unsere Erfahrungen mit einigen engen Freunden austauschen.

Aber wir müssen es lernen, diesen Grund unseres Daseins zu erkennen und anzunehmen. Er ist zwar immer da, aber für die meisten Menschen ist er undenkbar und unbekannt. Folglich besitzt ihr Leben keine Mitte und keinen Grund. Es zersplittert sich in einem vorgeblichen „Beieinandersein", das keinerlei tieferen Sinn hat. Nur wenn unsere Aktivität aus dem Grund quillt, in den hinein wir bereit waren, uns aufzulösen, bringt sie in göttlicher Fruchtbarkeit Liebe und Gnade hervor. Nur dann erreicht sie wirklich in wahrer Kommunion die anderen.

Oft hat unser Bedürfnis nach anderen gar nichts mit Liebe zu tun, sondern ist lediglich der Wunsch, in unseren Illusionen bestätigt zu werden, so wie umgekehrt wir die anderen in ihren Illusionen bestätigen. Aber wenn wir diesen Illusionen entsagt haben, können wir bestimmt zu anderen in echtem Mitleiden ausgehen.

Es bedarf der Einsamkeit, um die Illusionen endgültig aufzulösen. Aber man muß sehr wachsam darauf achten, daß sie nicht in schlimmerer Form wiederum Gestalt annehmen und unsere Einsamkeit mit Teufeln bevölkern, die als Engel des Lichts verkleidet sind. Liebe, Einfalt und Mitleiden wappnen uns dagegen. Wer wahrhaftig allein ist, findet wahrhaftig in sich selbst das Herz des Mitleidens, mit dem er nicht nur diesen oder jenen Menschen zu lieben vermag, sondern alle Menschen. Er sieht sie alle in dem Einen, der das Wort Gottes ist, die vollkommene Offenbarung der Liebe Gottes, Jesus Christus.

(1966: Vorwort zur japanischen Ausgabe von Thoughts in Solitude, 91–98)

SCHWEIGEN SELBST ALS WORT UND LIEBE

Wie der Schluß des vorangegangenen Textes klar zum Ausdruck bringt, war für Thomas Merton Alleinsein, Schweigen, Stille und Leere kein Ziel in sich, sondern der Weg, zu jener wahren Liebe zu finden, die er als Christ in Höchstform in Jesus Christus verwirklicht sah. Diese Liebe kann der Mensch nicht aus sich selbst hervorbringen; sie ist ein Geschenk, das ihm verheißen ist, wenn er es lernt, in sich selbst jene Leere zu schaffen, die reine Offenheit und Bereitschaft ist.

Es gibt eine höhere Art des Horchens, das nicht der Empfang auf einer besonderen Wellenlänge ist oder die Empfänglichkeit für eine besondere Art von Botschaft, sondern eine allgemeine Leere, die darauf wartet, die Fülle in der eigenen scheinbaren Leere aufzunehmen. Mit anderen Worten, der wahre Kontemplative ist nicht jemand, der seinen Geist auf eine bestimmte Botschaft einstellt, die er hören möchte oder erwartet, sondern einer, der leer bleibt, weil er weiß, daß er niemals das Wort, das seine Dunkelheit in Licht umwandeln wird, erwarten oder voraussehen kann. Er hofft noch nicht einmal auf eine besondere Wandlung. Er sucht nicht eher Licht statt Dunkel. Er wartet schweigend. Wenn ihm „geantwortet" wird, ist es nicht ein Wort, das plötzlich in sein Schweigen einbricht. Sein Schweigen selbst enthüllt sich ihm jäh und auf unerklärliche Weise als ein Wort von großer Kraft.

Aber kein Mensch wird dadurch zum Kontemplativen, daß er die wahrnehmbaren Wirklichkeiten einfach „auslöscht" und allein mit sich im Dunkeln bleibt. Wer dies absichtlich nach einer praktischen Überlegung über dieses Thema und ohne inneren Anruf tut, geht nur in eine künstliche, von ihm selbst gemachte Dunkelheit ein. Er ist nicht allein mit Gott, sondern allein mit sich selbst. Er ist nicht in Gegenwart des Transzendenten, sondern eines Idols: seiner eigenen selbstgefälligen Person. Er taucht in sich selbst ein und verliert sich in sein eigenes Ich, in einen schlaffen, primitiven und infantilen Narzißmus. Sein Leben ist ein „Nichts", nicht etwa in dem dynamischen, geheimnisvollen Sinn, in dem das „Nichts", das nada des Mystikers paradoxerweise auch das „Alles", todo, Gottes ist. Es ist nur das pure Nichts des endlichen Seins, das, sich selbst überlassen, in der eigenen Plattheit aufgeht. Er macht einen Kult aus dem „Stillsitzen", als ob dies in sich schon die magische Kraft hätte, alle Probleme zu lösen und den Menschen mit Gott in Kontakt zu bringen. Das ist die Versuchung, die jene befällt, die Bücher über die Mystik lesen, ohne sie zu verstehen. Die Folge ist ein offensichtlich negatives geistliches Leben, wo Zerstreuungen und Stimmungen sich auf Kosten jeder reifen, ausgeglichenen Wirksamkeit des Geistes immer mehr einnisten. Es würde geistig, geistlich und moralisch großen Schaden anrichten, wollte man in diesem öden Zustand verharren. Die Leere kann uns genau so gut Auge in Auge mit dem Teufel bringen, und tatsächlich tut sie es manchmal. Das ist eine der Gefahren dieser geistlichen Wüste.

Der kontemplative Weg ist daher in keiner Weise eine gezielte „Technik" der Selbst-Entleerung, um ein esoterisches Erlebnis hervorzubringen. Er ist vielmehr die paradoxe Antwort auf einen fast unbegreiflichen Anruf Gottes, der uns in die Einsamkeit lockt und uns in Dunkelheit und Schweigen taucht; nicht, um uns einer Gefahr zu entziehen oder uns abzuschirmen, sondern um uns durch ein Wunder der Liebe und Allmacht durch unzählige Gefahren sicher hindurchzuführen.

Der kontemplative Weg ist in Wirklichkeit kein Weg. Christus allein ist der Weg, und er ist unsichtbar. Die „Wüste" der Kontemplation ist nur eine Metapher, um die Leere zu erklären, die wir erfahren, wenn wir alle Wege aufgegeben, uns selbst vergessen und den unsichtbaren Christus als unseren Weg gewählt haben.

Im kontemplativen Leben kommt es weder auf das Verlangen noch auf das Sich-Verweigern an; sondern nur jenes „Verlangen" ist von Bedeutung, das eine Art von „Leere" ist, das das Nicht-Wissen ergeben hinnimmt und ruhig weitergeht, wo es keinen Weg sieht. Alle Paradoxe über den kontemplativen Weg können auf ein einziges zurückgeführt werden: ohne Verlangen sein heißt, von einem so großen Verlangen geleitet werden, daß es unbegreiflich ist. Es ist zu ungeheuerlich, um vollständig gefühlt zu werden. Es ist ein blindes Verlangen, das wie ein Verlangen nach dem „Nichts" scheint, nur weil nichts es befriedigen kann. Und da es fähig ist, im „Nichts" Ruhe zu finden, ruht es sozusagen in der Leere. Aber nicht in der Leere als solcher, in der Leere um der Leere willen. In Wirklichkeit gibt es keine „reine" Leere. Die nur negative Leere des unechten Kontemplativen ist ein „Etwas" und kein „Nichts". Das „Ding", das es ist, ist einfach die Dunkelheit des Ich, das alle anderen Wesen absichtlich und vorsätzlich ausschließt.

Aber die wahre Leere transzendiert alle Dinge und ist doch in allen enthalten. Was in diesem Fall Leere zu sein scheint, ist reines Sein. Zumindest würde es ein Philosoph so ausdrücken. Für den Kontemplativen verhält es sich aber anders. Weder das eine noch das andere trifft zu. Was immer man darüber sagt, ist etwas anderes als was es ist. Wenigstens für den christlichen Kontemplativen ist das Kennzeichen der Leere reine Liebe, reine Freiheit, Liebe, frei von allem, von nichts bestimmt, durch keine besondere Beziehung gebunden. Es ist Liebe um der Liebe willen.

(1968: Wahrhaftig beten, Freiburg (Schweiz) 104–110

FREMDLING IN EINER GESCHWÄTZIGEN WELT

Der Mann, der das Leben in der Stille gesucht und deshalb schließlich eine Einsiedelei bezogen hatte, fühlte sich zunehmend als Fremdling nicht nur in der Welt, sondern auch in seinem Kloster. Der folgende Text trägt deshalb den Titel „Day of a Stranger" – „Der Tag eines Fremdlings".

Die Hügel sind blau und heiß. Auf dem Grund des Tales liegt ein braunes, staubiges Feld. Ich höre eine Maschine, einen Vogel, eine Uhr. Die Wolken stehen hoch, sind gewaltig aufgetürmt. Durch sie sticht das unvermeidliche Düsenflugzeug: dieses hier vermutlich voller Passagiere von Miami nach Chicago. Was für Passagiere? Darüber zu urteilen, ist für mich entbehrlich. Sie sind außerhalb meiner Welt, hoch da droben. Sie sitzen geschäftig in ihrem engen, isolierten, zufälligen Sessel, der sich überhaupt nicht zu bewegen scheint – diesem Sessel, der sie irgendwie unerklärlicherweise in Florida aufgelesen hat, um sie eine Zeit lang bei einem zeitlosen Imbiß in der Luft zu halten und dann in Illinois wieder auf den Boden zu setzen. Die Aufhebung des modernen Lebens in der Kontemplation, *die dich irgendwo hin bringt!*

Da sind auch noch andere Welten über mir. Andere Flugzeuge fliegen über mich hinweg, mit anderen Inhalten der Kontemplation und anders gearteten Absichten.

Ich habe das Flugzeug der SAC im Tiefflug über mich wegstreifen sehen, das die Bombe bei sich hat, und ich habe aus den Wäldern geradewegs auf den geschlossenen Schacht des metallenen Vogels geschaut, in dem er ein wissenschaftliches Spitzenprodukt an Ei in sich trägt. Ein Schoß, der sich leicht mit einem Knopfdruck öffnen läßt! Ich glaube durchaus nicht, daß diese technologische Mutter freundschaftlich gegen irgendetwas von dem gesinnt ist, an das ich glaube. Doch wie alle anderen Menschen auch lebe ich im Schatten des apokalyptischen Cherubs. Ich werde von ihm überwacht, ganz sachlich und nüchtern. Seine Nummer kennt meine Nummer. Sind diese Nummern auf dem Weg, um sich in einem absehbaren Augenblick im gutmeinenden Hirn eines Computers zu kreuzen? Das beschäftigt mich nicht, denn ich lebe deshalb in den Wäldern, um daran zu erinnern, daß ich die Freiheit besitze, keine Nummer zu sein.

Tatsächlich steht damit jeder vor einer Wahl.

In einem Zeitalter, in der sehr viel von „Selbstverwirklichung" die Rede ist, behalte ich mir das Recht vor, mich selbst zu vergessen, denn in jedem Fall ist die Aussicht äußerst gering, daß ich jemand anderer werde. Eher scheint mir, daß jemand, der zu sehr auf „Selbstverwirklichung" versessen ist, Gefahr läuft, einen Schatten zu verwirklichen.

Jedoch kann ich mich nicht einer besonderen Freiheit rühmen, nur weil ich in den Wäldern lebe. Man macht mir einen Vorwurf daraus, statt wie Johannes der Täufer in der Wüste wie Thoreau in den Wäldern zu leben. Die einzige Antwort, die ich darauf geben kann, ist, daß ich nicht „wie" der und der lebe. Auch nicht „nicht wie" der und der. Jeder von uns lebt auf die eine oder andere Weise, das ist alles. Für mich ist es absolut unentbehrlich, die Freiheit zu besitzen, der Notwendigkeit meiner eigenen Natur entsprechen zu können.

Aus Notwendigkeit lebe ich unter Bäumen, streife ich durch die Wälder. Ich bin ein Häftling und zugleich ein entronnener Häftling. Ich weiß keine Antwort auf die Frage, warum ich in Frankreich zur Welt gekommen bin, aber meine Reise hierher nach Kentucky geführt hat. Das ist gar nicht von Belang.

Verbringe ich einen „Tag"? Verbringe ich meinen „Tag" an einem „Ort"? Ich weiß, daß hier Bäume sind. Ich weiß, daß hier Vögel sind. Tatsächlich kenne ich die Vögel ziemlich gut, denn es gibt ganz bestimmte Vogelpaare (je zwei von fünfzehn oder zwanzig Arten), die in der unmittelbaren Umgebung meiner Hütte leben. Ich teile diesen besonderen Ort mit ihnen: wir leben miteinander in einem ökologischen Gleichgewicht. Diese Harmonie gibt dem Gedanken des „Orts" eine zusätzliche Bedeutung.

Was die Krähen betrifft: sie leben in anderen Verhältnissen. Sie sind laut und selbstgerecht, ganz wie Menschen. Sie sind nicht zu zweit, sondern viele. Sie streiten miteinander und mit den anderen Vögeln, sind ständig im Kriegszustand.

In dieser Ecke der Wälder gibt es auch ökologische Beziehungen auf dem Gebiet des Geistes, ein lebendiges Gleichgewicht der Geister. Neben den Gesängen der Vögel finden hier viele andere Lieder ihren Platz. Die von Vallejo zum Beispiel. Oder von Rilke oder René Char, Montale, Zukofsky, Ungaretti, Edwin Muir, Quasimodo oder einigen Griechen. Oder die trockene Stimme von Nicanor Parra, dem Poeten des Niesens, die einen aus der Fassung bringt. Auch Chuang Tzu meldet sich zu Wort, dessen Atmosphäre wahrscheinlich am ehesten derjenigen dieses stillen Winkels der Wälder entspricht. Es ist ein Klima, in dem es keiner Erklärungen bedarf. Er ist in der ermutigenden Gesellschaft vieler Tzus und Fus: Kung Tzu, Lao Tzu, Meng

Tzu, Zu Fu. Und Jui Neng. Und Chao-Chu. Dazu die Zeichnungen von Sengai. Und eine große dekorative Schriftrolle von Suzuki. Ferner ist hier ein syrischer Eremit namens Philoxenos. Und ein algerischer Zönobit namens Camus. Hier ertönt die klirrende Prosa von Tertullian, zusammen mit dem trockenen Katarrh von Sartre. Hier vernimmt man die zungenfertigen Dissonanzen von Auden im Verein mit den goldenen Klängen des Johannes von Salisbury. Hier wächst das dichte Unterholz des älteren Waldes, in dem die zornigen Vögel Jesaja und Jeremia singen. Hier sollten auch – und tun es tatsächlich – weibliche Stimmen erklingen, diejenigen von Angela von Foligno bis zu Flannery O'Connor, Teresa von Avila, Juliana von Norwich und die noch persönlichere und wärmere von Raissa Maritain. Es ist gut, die Stimmen auszuwählen, die in diesen Wäldern laut werden sollen, und sie sollten sich auch selber melden und hierherschicken, um in diesem Schweigen anwesend zu sein. Jedenfalls fehlt es hier nicht an Stimmen.

Das hier ist keine Einsiedelei – es ist ein Haus („Wer war diese Einsiedelei, mit der ich dich gestern abend gesehen habe?...") Statt einer Kutte trage ich Hosen. Statt etwas zu tun, lebe ich. Statt zu beten atme ich. Wer hat das Wort „Zen" erwähnt? Wasch dir den Mund, wenn du „Zen" gesagt hast. Wenn du einer Meditationsweise begegnest, bring sie um. Wer hat „Liebe" gesagt? Liebe gibt es im Kino. Das geistliche Leben ist etwas, um das sich die Leute Sorgen machen, wenn sie mit anderen Dingen so beschäftigt sind, daß sie auf den Gedanken kommen, sie müßten eigentlich ein geistliches Leben führen. Geistliches Leben bedeutet Schuld. Hier in den Wäldern liegt das Neue Testament offen da: das heißt, der Wind weht durch die Bäume, und du atmest ihn ein. Unterstellt jemand, das sei klar? Ich lade niemanden ein, es zu versuchen. Oder die Ansicht äußern,

111

eines Tages werde die Parole ausgerufen, jetzt sei es so weit.
Das ist nicht meine Aufgabe.

Ich verlasse das Bett morgens um zwei Uhr fünfzehn,
wenn die Nacht am dunkelsten und stillsten ist. Vielleicht
wegen des einen oder anderen Leidens. Ich finde mich in
der uranfänglichen Verlassenheit der Nacht vor, der Einsamkeit, des Waldes, des Friedens, ein aufgewachter Geist
im Dunkeln, der nach Licht ausschaut und sich noch nicht
ganz damit versöhnt hat, schon aus dem Bett zu sein. Ein
Licht flammt auf, und in seinem Schein eine Ikone. Jetzt
gibt es in der großen Dunkelheit einen kleinen leuchtenden
Raum, der mit Psalmen erfüllt ist. Die Psalmen entfalten
sich schweigend mühelos und wie von selbst, wie Pflanzen
in diesem Licht, das ihnen gut tut. Die Pflanzen wachsen
auf Stielen, die von einer einzigen Kraft aufrecht gehalten
werden: von der Kraft des Erbarmens, nein, des großen Erbarmens. Magna misericordia. In der Formlosigkeit von
Nacht und Schweigen spricht sich schließlich ein Wort
selbst aus: Erbarmen. Es wird von anderen Wörtern mit weniger Nachhalt umspielt: „Vernichte die Sünde", „Wasche
mich", „Reinige mich", „Ich kenne meine Sünde". Peccavi.
Begriffe, die in der Welt des Geschäfts, des Krieges, der Poli-
tik, der Kultur usw. unergiebig sind. Begriffe, für die oft
selbst Kirchenleute kein ernsthaftes Interesse haben.

Weitere Wörter: Blut. List. Zorn. Der schlechte Weg. Der
Weg des Blutes, der List, des Zorns, des Krieges.

Draußen die Hügel liegen in südlicher Richtung. Der
Weg über die Hügel bedeutet Blut, List, Finsternis, Zorn,
Tod: Birmingham, Mississippi. Noch näher Oak Ridge,
Tennessee, die Atomstadt, aus der täglich ein Transportlast-
wagen eine Ladung Spaltmaterial wegfährt, damit es sorgfältig in unterirdischen Gewölben neben dem Gold gelagert
wird, das im Herzen dieser Nation ruht.

112

„Ihr Mund ist ein offenes Grab; ihre Zungen werden von Lügen bewegt; ihr Herz ist leer." (Psalm 5, 10–11)

Blut, Lügen, Feuer, Haß, das Öffnen des Grabes, Leere. Erbarmen, großes Erbarmen.

Die Vögel erwachen allmählich. Bald wird es dämmern. In ein oder zwei Stunden werden die Städte aufwachen, und überall werden sich die Menschen über das strahlende Grinsen von Produktion und Umsatz freuen.

Wie allseits bekannt, sind alle Mönche unverheiratet, und die Einsiedler sind die Ehelosesten von allen. Nicht daß ich etwas gegen Frauen hätte. Ich sehe keinen Grund, warum ein Mann nicht zu gleicher Zeit Gott und eine Frau lieben können sollte. Hätte Gott die Frauen voll Eifersucht betrachtet – warum wäre er dann hingegangen und hätte sie an erster Stelle erschaffen? Es wird viel über einen verheirateten Klerus diskutiert. Interessant. Bisher ist noch nicht viel über verheiratete Einsiedler gesagt worden. Na ja, jedenfalls habe ich das Haus voller Ikonen der Jungfrau Maria.

Man könnte sagen, ich habe beschlossen, mich mit dem Schweigen des Waldes zu vermählen. Die süße dunkle Wärme der ganzen Welt wird meine Frau sein müssen. Aus dem Herzen dieser dunklen Wärme quillt das Geheimnis, das man nur im Schweigen hört, aber das ist die Wurzel aller Geheimnisse, die von allen Liebenden in allen Betten auf der ganzen Welt geflüstert werden. So habe ich vielleicht die Pflicht, die Stille zu hüten, das Schweigen, die Armut, den jungfräulichen Punkt der reinen Nichtigkeit, der im innersten Kern aller anderen Lieben ist. Ich versuche, diese Pflanze ohne viele Worte mitten in der Nacht zu kultivieren und sie schweigend mit Psalmen und Prophetenworten zu gießen. Sie wird zum seltensten von allen Bäumen im Garten, sie ist der ursprüngliche Paradieses-

113

baum, die axis mundi, und zugleich die kosmische Achse, das Kreuz. Nulla silva talem profert (Kein Wald bringt solchen Baum hervor; Zeile in einem mittelalterlichen Kreuzes-Hymnus; d. Ü.). Es gibt nur einen solchen Baum. Er läßt sich nicht vermehren. Er ist nicht interessant.

– Warum in den Wäldern leben?
– Nun, irgendwo muß man leben.
– Plagt dich nicht die Einsamkeit?
– Doch, manchmal.
– Sind dir die Menschen zuwider?
– Nein.
– Ist dir das Kloster zuwider?
– Nein.
– Was denkst du von der Zukunft des Mönchtums?
– Nichts. Ich denke nicht darüber nach.
– Stimmt es, daß dein Rückenleiden vom Yoga kommt?
– Nein.
– Stimmt es, daß du heimlich Zen-Übungen machst?
– Entschuldigung, ich spreche nicht Englisch.

Ich muß unbedingt den ersten Lichtschimmer sehen, mit dem das Morgengrauen einsetzt. Es ist unerläßlich, allein im Augenblick der Auferstehung des Tages zugegen zu sein, im baren Schweigen, wenn die Sonne erscheint. In diesem absolut neutralen Moment empfange ich von den Wäldern im Osten, den hohen Eichen, das eine Wort „Tag", das niemals wieder das gleiche ist. Es wird nie in irgend einer bekannten Sprache ausgesprochen.

Rituale. Die Kaffeekanne im Eimer mit dem Regenwasser spülen. Mit Umsicht den Vorraum betreten wegen der Königsschlange, die sich gern auf einem der Balken dort einrollt. Die mögliche Königsschlange im Vorraum angehen und ihr zu verstehen geben, daß sie hier fehl am Platz sei.

114

Die rituelle Standardfrage stellen, die man jeden Morgen um diese Zeit ausspricht: „Bist du da drinnen?"

Weitere Rituale: Schlafraum sprayen (Schaben und Schnaken). Alle Fenster auf der Südseite schließen (Hitze). Fenster auf der Nord- und Ostseite offen lassen (Kühle). Fenster auf der Westseite offenlassen bis ungefähr Juni, bis es dann von allen Seiten sehr heiß wird. Rollos herunterziehen. Wasserflasche holen. Rosenkranz. Uhr. Buch in die Bibliothek zurück.

Es ist Zeit, das Menschengeschlecht aufzusuchen.

Ich wandere unter den Kiefern los. Das Tal ist schon voller Hitze. Maschinen weit draußen, vielleicht mit Aussaat beschäftigt. Kühler Westwind unter den Eichen. Hier ist die Stelle auf dem Trampelpfad, wo ich die copperhead getötet habe. Und da die Stelle, wo ich den Fuchs elegant und sorgfältig auf Deckung bedacht huschen sah, der ein Kaninchen im Fang hielt. Und hier ist das Betonkreuz, das die Novizen aus einem unerfindlichen Grund aus der Ecke einer abgerissenen Mauer geborgen und im Wald aufgestellt haben: viele Leute meinen, jemand liege hier beerdigt. Es ist aber bloß ein Kreuz. Warum sollte nicht mitten in den Wäldern grundlos ein Kreuz stehen?

Ein Eichhörnchen albert irgendwo mitten in der Luft über meinem Kopf herum. Von Baum zu Baum. Gefallsucht am Fliegen.

Ich komme ins Freie oberhalb der heißen Senke und dem alten Schafstall. Da drüben ist das Kloster, vollgepflastert mit Fenstern, summend vor Aktivitäten.

Die lange gelbe Front des Klosters stellt sich steil mit Obstbäumen und Bienenstöcken der Sonne entgegen. Das ist zweifellos eines der langweiligsten Gebäude auf Gottes Erdboden. Aber trotz aller eifrigen Versuche, es allen Charakters zu entblößen und so häßlich wie möglich zu halten,

115

wird es in dieser Hinsicht von der großen Mehrheit der anderen Klöster übertroffen. Es ist derart durch und durch gewöhnlich, daß es doch schon wieder trotz seiner selbst zumindest etwas Einfaches an sich hat. Ein bejammernswerter Mißerfolg sakraler Architektur – dem gar nichts Darstellen so nahe zu kommen und es dann doch nicht ganz zu erreichen! Ich gehe schwitzend ins Noviziat hinauf und stelle meine Wasserflasche auf den Betonboden. Die Glocke schrillt. Ich habe Pflichten, Verpflichtungen, denn hier bin ich ein Mönch. Wenn ich diese erfüllt habe, kehre ich in die Wälder zurück, wo ich ein Niemand bin.

Im Chor stehen die jungen Mönche, geduldig, gelassen, mit sehr klaren Augen, hager, nachdenklich, freundlich, verwirrt. Heute kommentiere ich ihnen vielleicht Eliots „Little Gidding" und analysiere den ersten Grundgedanken des Gedichts („Midwinter spring is its own season"). Sie werden aufmerksam zuhören und des Glaubens sein, irgend jemand anderer spreche zu ihnen über irgend ein anderes Gedicht.

In der Mittagshitze kehre ich mit der frisch gefüllten Wasserflasche zurück, durch das Getreidefeld, an der Scheune unter den Eichen vorbei, den Hügel hinauf, unter die Kiefern, zur hitzeerfüllten Hütte. Lerchen steigen aus dem hohen Gras auf und trillern in der Luft. Eine Hummel brummt unter dem weiten schattigen Dachvorsprung.

Ich sitze im kühlen Hinterraum, wo Worte ohne Echo verhallen, wo alle Überzeugungen in der consonantia von Hitze, duftenden Kiefern, zwitschernden Vögeln und einem unhörbaren und unsagbaren Grundakkord aufgesogen werden.

Das ist jetzt wieder eine Zeit ohne Verpflichtungen. Im Schweigen des Nachmittags ist alles gegenwärtig, und alles klingt ununterscheidbar in jenem Grundakkord, zu dem je-

der Laut auf- oder absteigt und zu dem jeder Gedanke hin-
strebt, um in ihm seine wahre Erfüllung zu finden. Die
Frage stellen, wann der Grundakkord erklinge, hieße den
Nachmittag verlieren: er ist bereits erklungen, und alles vibriert jetzt im Gleichklang mit seinem Ton.

Das Alleluja im zweiten Choralton singen: Strenge und
Festigkeit der lateinischen Gregorianik, auf dem Ton re auf-
gebaut wie auf einem Sakrament, einer Gegenwart. Immer
wieder kehrt man zum re als zur unausweichlichen Gegenwart zurück. Immer wieder kehrt man zum re als zum unausweichlichen Mittelpunkt zurück. Sol-re, fa-re, sol-re,
do-re. Viele andere Noten dazwischen, aber plötzlich hört
man nur noch die eine Note. Consonantia: alle Noten in ihrer vollkommenen Unterschiedenheit voneinander ver-
schmelzen dennoch zu einer einzigen. (Infolge eines
merkwürdigen Versehens singt man in diesem Kloster immer noch Gregorianik. Aber nicht mehr lange.)

Im Refektorium wird eine Botschaft des Papstes vorgele-
sen. Er verurteilt darin den Krieg, verurteilt das Bombardie-
ren der Zivilbevölkerung, Repressalien gegen die Zivilbevölkerung, Ermordung von Geiseln, Foltern von Kriegsge-
fangenen (alles in Vietnam). Begreifen die Menschen in
diesem Land, zu wem der Papst wovon spricht? Inzwischen
haben sie sich derart in der Überzeugung verfestigt, der
Papst verurteile nie jemanden außer den Kommunisten,
daß sie schon lange nicht mehr richtig hinhören. Die Mönche allerdings scheinen den Papst zu verstehen. Die Stimme
des Vorlesers zittert.

Ich kehre. Ich breite in der Sonne eine Decke aus. Ich
mähe hinter der Hütte Gras. Ich schreibe in der Nachmit-
tagshitze. Bald werde ich die Decke wieder hineintragen
und mein Bett herrichten. Vor die Sonne haben sich Wolken gezogen. Der Tag geht seiner Neige zu. Vielleicht wird

117

es regnen. Eine Glocke tönt im Kloster. Ein andächtiger Zisterziensertraktor brummelt im Tal. Bald werde ich Brot schneiden, zu Abend essen, Psalmen beten, im hinteren Raum sitzen, während die Sonne untergeht, während die Vögel vor dem Fenster draußen singen, während sich die Nacht auf das Tal senkt. Wieder umringen mich allmählich leise all die schweigsamen Tzus und Fus (Menschen ohne Amt und ohne Verpflichtung). Die Vögel rücken näher an ihre Nester. Ich sitze auf der kühlen Strohmatte auf dem Boden und betrachte mein Bett, in dem ich jetzt dann gleich allein unter der Ikone der Geburt Christi schlafen werde.

Derweil streift wieder der metallene Cherub der Apokalypse in den Wolken über mich und hütet sorgfältig sein Ei und seine Botschaft. (1967: Day of a Stranger, 431–438)

DAS SCHWEIGEN UND DIE LIEBE
ZUR FRAU WEISHEIT

Ein gutes Jahr vor seinem Tod, am 21. August 1967, hat
Thomas Merton in einem Brief geschrieben:

Kann ich Dir sagen, daß ich auf die Fragen, die den Menschen unserer Zeit peinigen, Antworten gefunden habe?

Ich weiß nicht, ob ich Antworten gefunden habe.

Am Anfang, als ich Mönch wurde, ja, da war ich mir sicherer, über ‚Antworten‘ zu verfügen. Aber je älter ich im Mönchsleben werde und je tiefer ich in die Einsamkeit eindringe, desto deutlicher werde ich mir dessen bewußt, daß ich erst damit angefangen habe, die *Fragen* zu suchen.

Und wie heißen die Fragen?

Kann der Mensch sein Dasein mit Sinn erfüllen?

Kann der Mensch in aller Ehrlichkeit seinem Leben allein dadurch Sinn geben, daß er eine bestimmte Reihe von Erklärungen übernimmt, die vorgeben, ihm plausibel zu machen, warum die Welt angefangen hat und wo sie enden wird, warum es darin Böses gibt und was man für ein gutes Leben unbedingt braucht?

Mein Bruder, vielleicht bin ich in meiner Art von Einsamkeit ein Erforscher für Dich geworden, ein Sucher in Bereichen, die zu betreten Du nicht in der Lage bist – ausgenommen vielleicht in Begleitung Deines Psychiaters. Ich spüre die Berufung, eine Wüstenzone des menschlichen Herzens zu erforschen, in der die Erklärungen nicht mehr ausreichen und in der man lernt, daß einzig die Erfahrung

119

zählt. Das ist ein dürrer, felsiger, finsterer Bereich der Seele, der zuweilen von fremdartigen Feuern erhellt wird, vor denen sich die Menschen fürchten und in dem sich Gespenster tummeln, die die Menschen sorgfältig meiden und denen sie nur in ihren Alpträumen begegnen. Und in dieser Zone habe ich gelernt, daß man die wirkliche Hoffnung unmöglich kennenlernen kann, ehe man nicht erfaßt hat, wie sehr die Hoffnung der Verzweiflung gleicht.

(The Monastic Journey, 171)

Der Außenstehende, dem die Existenz eines Einsiedlers fremd und öde vorkommen mag, ahnt nicht, welch geistliches Abenteuer sich entfaltet, wenn der Mensch es wagt, in die unbekannten Zonen der Stille vorzustoßen. Ungeahnte Überraschungen warten auf ihn.

Für Thomas Merton bestand eine wesentliche Überraschung darin, daß er in der Landschaft des Alleinseins und der Stille das Antlitz der Weisheit und der Liebe entdeckte und dadurch erkannte, daß die Kontemplation unvollkommen ist, solange sie aus der Erfahrung einer gesichtslosen, einer un-personalen, einer Du-losen Verbundenheit lebt, so allumfassend und kosmisch sie auch sein mag.

Während seines letzten Lebensjahrzehnts, in dem er um die Erlaubnis kämpfte, sich in eine Einsiedelei zurückziehen zu dürfen, beschäftigte ihn zunehmend die Wirklichkeit „Liebe".

Bei seiner Lektüre war er auf ein Thema gestoßen, das ihn spontan faszinierte: die weibliche Dimension in Gott, und damit das weibliche Wesen überhaupt. Er spürte, daß die Mißachtung der Frau ein wichtiger Grund dafür war, daß sich die westliche Zivilisation „verkopft" und von den Wurzeln des Lebens und der Weisheit abgetrennt hatte. Sein Klo-

ster als reine Männergesellschaft war ein anschauliches Beispiel dafür, wie sogar das als „kontemplativ" vorgesehene Leben ohne das weibliche Element in religiösen und materiellen Aktivitäten aller Art zu versanden drohte.

Der russische Philosoph Solowjew hat ausführlich das kosmische weibliche Prinzip der Sophia erörtert, und Merton fand bei ihm die Vertiefung seiner Gedanken über die Weisheit Gottes, die ihn schon früh beschäftigt hatten.

Doch blieb es nicht bei spekulativen Gedanken: aus seinem eigenen Inneren heraus, auf das er in seinen Zeiten der Stille äußerst aufmerksam zu horchen geübt und gelernt hatte, sandte ihm „Sophia", die „Frau Weisheit", ihre Signale. Im Februar 1958 erzählte er einen Traum:

Ich stehe auf der Veranda in Douglaston, und plötzlich umarmt mich stürmisch und mit jungfräulicher Leidenschaft ein junges jüdisches Mädchen. Sie umklammert mich und will mich nicht mehr loslassen, und mir gefällt diese Vorstellung ... Ich frage, wie sie heißt, und sie sagt, sie heiße ‚Proverb'. Ich sage, das sei ein wunderschöner und tiefsinniger Name ... (Unveröffentlichte Tagebücher 312 f.)

„Proverb", zu deutsch „Sprichwort", ist ein Anklang an den Titel des alttestamentlichen Weisheitsbuches mit dem Titel „Sprichwörter", in dem (namentlich im 8. Kapitel) „Frau Weisheit" den suchenden Menschen einlädt, sich an ihren Gaben zu sättigen. Einige Tage später schrieb er dieser Gestalt der Weisheit namens „Proverb" einen „Liebesbrief" in sein Tagebuch. Er dankte ihr darin dafür, daß Du in mir etwas liebst, von dem ich gedacht hatte, ich hätte es völlig verloren, und jemanden liebst, von dem ich gedacht hatte, er habe bereits vor langer Zeit zu existieren aufgehört.

(Unveröffentlichte Tagebücher, 313)

Zwei Wochen später schrieb er ihr wieder:

Ich werde unsere Begegnung nie vergessen ... Seit mich Deine Hand berührt hat, bin ich ein anderer Mensch. Bei Dir sein heißt, ausruhen und die klare Wahrheit schauen.

(Unveröffentlichte Tagebücher, 313).

Im Herbst des gleichen Jahres berichtete er in einem Brief, ihm sei aufgegangen,

daß jeder Mensch ‚Proverb' ist. Aus jedem einzelnen Menschen strahlt ihre außerordentliche Schönheit und Reinheit und Scheu, selbst wenn sie nicht wissen, wer sie sind und sich vielleicht ihrer Namen schämen – weil sie ihretwegen verspottet werden. Sie wissen nicht um ihre Identität mit dem Kind, das Gott so teuer ist.

(Brief an Boris Pasternak, 11 f.)

Immer wieder kreisten seine Träume und Gedanken um die weibliche Personifizierung der Weisheit. Die kostbarste Frucht dieser Erwägungen ist sein Prosagedicht Hagia Sophia.

HAGIA SOPHIA

I. Morgendämmerung. Die Stunde der Laudes

In allen sichtbaren Dingen west eine unsichtbare Fruchtbarkeit, ein gedämpftes Licht, eine bescheidene Namenlo-
sigkeit, eine verborgene Ganzheit. Diese geheimnisvolle
Einheit und Unantastbarkeit ist die Weisheit, die Mutter
von allem, Natura naturans.

In allen Dingen steckt eine unerschöpfliche Süße und
Reinheit, ein Schweigen, das eine Quelle des Tuns und der
Freude ist. In wortloser Güte quillt es empor und fließt mir
aus den nie gesehenen Wurzeln alles erschaffenen Seins zu.
Es heißt mich zärtlich willkommen und begrüßt mich mit
unbeschreiblicher Demut.

Dies ist sowohl mein eigenes Sein, meine eigene Natur,
als auch das Geschenk des Denkens und der Kunstfertigkeit
meines Schöpfers in mir selbst. Es spricht zu mir als Hagia
Sophia, spricht zu mir als meine Schwester, die Weisheit.

Ich bin aufgewacht, ich bin wiedergeboren dank der
Stimme dieser meiner Schwester, die aus den Tiefen der
göttlichen Fruchtbarkeit zu mir gesandt worden ist.

Nehmen wir an, ich liege schlafend im Krankenhaus.
Tatsächlich bin ich dieser schlafende Mensch. Es ist der
zweite Juli, das Fest Mariä Heimsuchung. Ein Fest der Weisheit.

Um halb sechs Uhr morgens liege ich träumend in einem
sehr stillen Raum. Da weckt mich eine zarte Stimme aus
meinem Traum. Ich bin die gesamte Menschheit, die aus al-

len Träumen aufwacht, die in allen Nächten der Welt jemals geträumt wurden.

Das ist der Eine Christus, der im abgetrennten Selbst aller Menschen aufwacht, die jemals getrennt und isoliert und allein waren in allen Ländern der Erde.

Das sind alle Menschenherzen, die gemeinsam von allen Zerstreuungen, widersprüchlichen Absichten und verworrenen Wegen zur vollen Bewußtheit heimkehren, heim in die Einheit der Liebe.

Das ist der erste Morgen der Welt (als Adam die süße Stimme der Weisheit hörte, die ihn aus dem Nichtsein aufweckte und er sie erkannte), und zugleich der Letzte Morgen der Welt, an dem alle Fragmente Adams von der Stimme der Hagia Sophia aus dem Tod zurückgerufen und erkennen werden, wo sie stehen.

Dergestalt ist das Erwachen eines Menschen eines Morgens, dank der Stimme einer Schwester im Krankenhaus. Er wacht auf aus Mattheit und Finsternis, aus dem Schlaf, sieht sich erneut vor die Wirklichkeit gestellt und stellt fest: sie ist voller Zärtlichkeit.

Das ist, als werde Adam von Eva geweckt. Das ist, als werde der Mensch geweckt von der Jungfrau Maria. Das ist, als trete er hervor aus dem uranfänglichen Nichtsein und stehe jäh im klaren Licht, im Paradies.

Durch die kühle Hand der Krankenschwester rührt diesen Menschen das Leben selbst an, rührt ihn der Geist selbst an.

So ruft die Weisheit allen zu, die es hören wollen (Sapientia clamitat in plateis – die Weisheit ruft laut auf den Plätzen, Sprichwörter 1, 20), und ihr Ruf ergeht ganz besonders an die Kleinen, an die Unwissenden und die Wehrlosen.

Wer ist kleiner, wer ist ärmer als der hilflose Mensch, der schlafend im Bett liegt, ohne Bewußtheit und ohne die Fähigkeit, sich zu wehren? Wer hat mehr Vertrauen als er, der sich jede Nacht dem Schlaf anvertrauen muß? Worin besteht der Lohn für sein Vertrauen? Die zarte Güte sucht ihn dann heim, wenn seine Hilflosigkeit am größten ist. Dann weckt sie ihn auf. Er erwacht erfrischt und spürt, daß er anfängt, ganz zu werden. Die Liebe nimmt ihn an der Hand und öffnet ihm die Türen für ein neues Leben, für einen neuen Tag.

– Aber wer sich mit Händen und Füßen gewehrt hat, wer in der Krankheit um sich geschlagen hat, wer an starren Plänen festgehalten und sich abgeschirmt hat; wer nur sich selbst geliebt und jede Nacht sein Leben grimmig bewacht hat, der stirbt zuletzt an Erschöpfung. Für ihn fängt nie etwas Neues an. Alles bleibt ihm schal und alt. –

Wenn der Hilflose erwacht und sich gestärkt fühlt, sobald ihn die Stimme der Gnade anspricht, so ist es, als beuge sich seine Schwester, das Leben, über ihn; als wecke ihn die Heilige Jungfrau – sein eigen Fleisch und Blut, seine eigene Schwester; als wende sich ihm die Natur selbst zu, weise geworden dank Gottes Kunst und Fleischwerdung, und lade ihn mit unaussprechlicher Süße ein, wach zu werden und zu leben. Das bedeutet es, Hagia Sophia zu erkennen.

II. Früher Morgen. Die Stunde der Prim

O Gesegnete, Schweigende, die überall spricht!

Wir hören die sanfte Stimme nicht, die gütige Stimme, die gnädige und weibliche.

Wir hören nicht das Erbarmen, die sich uns zuneigende Liebe; auch nicht den Verzicht auf Widerstand, den Verzicht auf Vergeltung. In ihr gibt es keine Vernunftgründe und keine Antworten. Und dennoch ist sie das Gleißen des göttlichen Lichts, der Ausdruck Seiner höchsten Einfalt.

Wir hören nicht die klaglose Bitte um Vergebung, die die unschuldigen Gesichter der Blumen auf die taufeuchte Erde neigt. Wir sehen nicht das Kind, das in jedem Menschen kläglich eingekerkert ist und stumm bleibt.

Sie lächelt, denn obwohl man sie gefesselt hat, kann man sie nicht einsperren. Nicht daß sie stark wäre oder wendig; nein, sie versteht nicht, was das heißt: eingesperrt werden.

Den Hilflosen, den, der sich süßem Schlaf ausgeliefert hat, ihn wird die Gütige wecken: Sophia.

Alles Süße, das ihre Zartheit birgt, wird zu ihm von allen Seiten aus allem sprechen, unablässig, und niemals wird er mehr der selbe sein. Er wird erwacht sein nicht zu Eroberung und finsterem Vergnügen, sondern zur makellosen reinen Einfachheit der Einen Bewußtheit in allem und durch alles: der einen Weisheit, des einen Kindes, des einen Sinnes, der einen Schwester.

Die Sterne jauchzen an ihren Plätzen, sie jauchzen über den Aufgang der Sonne. Die Lichter am Himmel jauchzen über das Aufstehen des einen Menschen, der eine neue Welt am Morgen stiftet, weil er aus der wirren uranfänglichen dunklen Nacht ins helle Bewußtsein getreten ist. Er hat dem klaren Schweigen der Sophia in seinem eigenen Herzen Widerhall geschenkt. Er ist ewig geworden.

III. Vormittag. Die Stunde der Terz

Die Sonne brennt am Himmel wie das Angesicht Gottes, aber seine Miene ist für uns nicht schrecklich. Ihr Licht strahlt durch die Luft, und das Licht Gottes wird gestrahlt von Hagia Sophia. Wir sehen Den, Der blind macht, nicht in schwarzer Leere. Er spricht gütig zu uns in zehntausend Dingen, in denen Sein Licht eine einzige Fülle ist und eine einzige Weisheit.

So scheint Er nicht auf sie, sondern leuchtet aus ihnen heraus. Derart ist die liebevolle Güte der Weisheit.

Alle Vollkommenheiten der geschaffenen Dinge sind auch in Gott; und darum ist Er zugleich Vater und Mutter. Als Vater steht Er in einsamer Mächtigkeit dar, umhüllt von Dunkelheit. Als Mutter durchwirkt Er mit seinem Leuchten alles und taucht alle Seine Geschöpfe in barmherzige Zärtlichkeit und in Licht. Das Alldurchwirkende Leuchten Gottes ist Hagia Sophia. Wir nennen sie seine „Herrlichkeit". In Sophia wird Seine Macht nur als Barmherzigkeit und Liebe erfahren.

– Wenn die Reklusen im England des vierzehnten Jahrhunderts ihre Kirchenglocken hörten und auf Heideland und Moore unter einem heiteren Himmel hinausblickten, redeten sie in ihren Herzen mit „Jesus, unserer Mutter". Sophia war es, die in ihren kindlichen Herzen erwacht war. –

Vielleicht ist unter einem bestimmten sehr urtümlichen Gesichtspunkt Sophia die unbekannte, die dunkle, die namenlose Ousia (= Wesenheit). Vielleicht ist sie sogar die Göttliche Natur, Eine im Vater, Sohn und Heiligen Geist. Und vielleicht ist sie unerkennbar in unermeßlichem Licht und erwartet gar nicht, als Licht erkannt zu werden. Das weiß ich nicht. Aus dem Schweigen wird Licht gesprochen. Wir hören es nicht, noch sehen wir es, bis es gesprochen wird.

Im Namenlosen Anfang ohne Anfang war das Licht. Wir haben dieses Anfangen nicht gesehen. Ich weiß nicht, wo sie ist in diesem Anfangen. Ich spreche nicht von ihr als einem Anfangen, sondern als ein Offenbarwerden.

Jetzt tritt die Weisheit Gottes, Sophia, hervor und „reicht

machtvoll von einem Ende zum andern" (Weisheit 8, 1). Sie will auch der unsichtbare Angelpunkt der gesamten Natur sein, Mittelpunkt und Sinnspenderin für jegliches Licht, das in allem und für alles leuchtet. Was am armseligsten und unscheinbarsten, was am verborgensten ist in allen Dingen, das ist dennoch das offenkundigste in ihnen; und es ist durchaus offenbar, denn ihr eigenes Selbst ist es, was vor uns steht, nackt und ungeschützt.

Sophia, das weibliche Kind, spielt in der Welt, offenkundig und unerkannt, spielt allezeit unter den Augen des Schöpfers. Es ist ihre Wonne, bei den Menschenkindern zu sein (Sprichwörter 8, 31). Sie ist ihre Schwester. Der Lebenskern, der in allen Dingen west, ist Zärtlichkeit, Erbarmen, Jungfräulichkeit, ist das Licht und das Leben, insofern es passiv ist, also etwas Empfangenes, etwas Geschenktes, etwas Angenommenes, etwas, was als Gabe Gottes unerschöpflich erneuert wird. Sophia ist Gabe, ist Geist, Donum Dei. Sie ist Gott-gegeben, ist Gott selbst als Gabe. Gott als alles, und Gott reduziert zu Nichts: unerschöpfliches Nichtsein. Exinanivit semetipsum (er hat sich selbst entäußert, Philipperbrief 2, 7). Demut als die Quelle nie versagenden Lichts.

Hagia Sophia in allen Dingen ist das Göttliche Leben, das sich in ihnen spiegelt, erachtet als spontane Teilhabe, als ihr Eingeladensein zum Hochzeitsfest.

Sophia ist Gottes Sich-selbst-Teilen mit den Geschöpfen. Sein Überströmen und die Liebe, mit der Er hingegeben und erkannt, umarmt und geliebt wird.

Sie ist in allen Dingen wie die Luft, die das Sonnenlicht aufnimmt. In ihr gedeihen sie. In ihr verherrlichen sie Gott. In ihr freuen sie sich, Ihn wiederspiegeln zu dürfen. In ihr sind sie mit ihm vereint. Sie ist das Einssein zwischen ihnen. Sie ist die Liebe, die sie eins werden läßt. Sie ist Leben als Kommunion, Leben als Danksagen, Leben als Lobpreis, Leben als Fest, Leben als Herrlichkeit.

Weil sie vollkommen Empfangende ist, ist an ihr kein Makel (Hoheslied 4,7). Sie ist Liebe ohne Fehl, Dankbarkeit ohne Selbstgefälligkeit. Alle Dinge preisen sie, indem sie sie selbst sind und am Hochzeitsfest teilnehmen. Sie ist die Braut und das Fest und die Hochzeit.

Das weibliche Prinzip in der Welt ist die unversiegbare Quelle schöpferischer Verwirklichungen der Herrlichkeit des Vaters. Sie ist seine Selbstkundgabe in gleißendem Lichtglanz. Aber sie bleibt ungesehen; nur einige wenige erhaschen von ihr einen Schimmer. Zuzeiten gibt es gar niemanden, der sie wirklich kennt.

Sophia ist das Erbarmen Gottes in uns. Sie ist die Zärtlichkeit, mit der die unendlich geheimnisvolle Macht des Verzeihens die Finsternis unserer Sünden in das Licht der Gnade umkehrt. Sie ist der unerschöpfliche Brunnen der Güte und scheint in sich selbst gar nichts anderes zu sein als Erbarmen. So wirkt sie in uns ein größeres Werk als das der Schöpfung: das Werk des Neuwerdens in der Gnade, das Werk des Vergebens, das Werk der Umwandlung von Lichtglanz zu Lichtglanz tamquam a Domini Spiritu (wie vom Geist des Herrn, 2. Korintherbrief 3,18). Sie ist in uns die versöhnliche und zärtliche Ergänzung der Allmacht, Gerechtigkeit und Schöpferwucht des Vaters.

IV. Sonnenuntergang. Die Stunde der Komplet. Salve Regina

Jetzt ist die Selige Jungfrau Maria das eine erschaffene Wesen, das in seinem Leben alles verwirklicht und aufzeigt, was in Sophia verborgen ist. Aus diesem Grund kann man von ihr sagen, sie sei eine persönliche Offenbarung von Sophia, die in Gott eher Ousia als Person ist.

Natura wird in Maria zur reinen Mutter. In ihr ist Natura das, was sie vom Anfang ihrer Geburt aus Gott an gewesen ist. In Maria ist Natura ganz weise und gibt sich kund als all-weise, all-liebende, all-lautere Person: kein Schöpfer, kein Erlöser, aber vollkommenes Geschöpf, vollkommen Erlöste, die Frucht aller Macht Gottes, der vollkommene Ausdruck der Weisheit in Erbarmen.

Sie ist es, Maria ist es, Sophia, die in Traurigkeit und Freude im vollen Bewußtsein dessen, was sie tut, der Zweiten Person, dem Logos, eine Krone aufsetzt: Seine Menschliche Natur. So öffnet ihr Jawort dem Wort Gottes das Tor der erschaffenen Natur, der Zeit, der Geschichte.

Gott kommt in seine Schöpfung. Dank ihrer weisen Antwort, dank ihres gehorsamen Verstehens, dank der liebenswürdigen Zustimmung von Sophia betritt Gott abseits aller Sensationsmache die Stadt der habgierigen Menschen.

Sie krönt ihn nicht mit dem, was großartig aussieht, sondern mit dem, was größer als Glorienschein ist: denn das, was größer als jeder Glorienschein ist, ist das Schwachsein, die Nichtigkeit, die Armut.

Sie setzt den unermeßlich Reichen und Mächtigen als Armen und Hilflosen in die Welt. So tritt er Seine Mission unsagbaren Erbarmens an und stirbt für uns am Kreuz.

Die Schatten senken sich nieder. Die Sterne erscheinen. Die Vögel beginnen zu schlafen. Nacht umfängt die schweigende Hälfte der Erde. Ein unsteter, mittelloser Wanderer mit staubigen Füßen findet seinen Weg auf einer neuen Straße. Ein unbehauster Gott, verloren in der Nacht, ohne Papiere, ohne Identitätskarte, ja sogar ohne Nummer, ein geschwächter, ausgezehrter Flüchtling legt sich verlassen unter den süßen Sternen der Welt nieder und vertraut Sich dem Schlaf an.

(Zit. in: Thomas P. McDonnell, A Thomas Merton Reader, 506–511)

DER EINSAME ERWACHT ZUR LIEBE

Diesen Text hat Thomas Merton im Sommer 1960 verfaßt. Es sollte sich herausstellen, daß die Geschichte vom kranken Menschen, der eines Morgens von der Krankenschwester für ein neues Leben aufgeweckt wird, die Voraus-Vision eines einschneidenden Erlebnisses war, das ihm sechs Jahre später im St.-Josephs-Krankenhaus in Louisville tatsächlich widerfuhr. Er lag dort und erholte sich von einer Rückenoperation. Da weckte ihn eine junge Krankenschwester nicht nur in den neuen Tag hinein, sondern in eine tiefe, seine Wurzeln erschütternde Liebesbeziehung.

Nachdem er aus dem Krankenhaus entlassen und in seine Einsiedelei zurückgekehrt war, konnten sich Merton und „M", wie er sie in seinen Aufzeichnungen nannte, nur sporadisch heimlich wiedersehen, wenn er Arzttermine in Louisville wahrnehmen mußte; gelegentlich besuchte sie ihn auch in Gethsemani. Ansonsten konnte er sie nur hie und da telefonisch erreichen, wenn er wegen seiner Schriftstellerei die Erlaubnis zur Benützung des Telefons erhielt, oder er schmuggelte Briefe an sie mit dem Vermerk „Gewissenssache" aus dem Kloster (die einzige anerkannte Möglichkeit, die damals noch übliche Briefzensur durch den Abt zu vermeiden) oder ließ ihre Briefe durch „Boten" unter Umgehung der Poststelle des Klosters zukommen. Dies war auf die Dauer ein unerträglicher Zustand und setzte ihm psychisch und gesundheitlich derart zu, daß er seine „große Liebe" nicht länger verbergen konnte und wollte. Indes sah er sich außerstande, seine geliebte Stille und Einsamkeit und seine

weltweit geachtete Rolle als Mönch und geistlicher Meister
um „M"s willen aufzugeben.
    In sein Tagebuch schrieb er:

Ich kann niemals etwas anderes als ein Einsiedler sein.
Mein Alleinsein ist mein gesundes Alltagsklima. Daß es mir
geschenkt war, so viele Augenblicke völliger Übereinstim-
mung und Harmonie und Liebe mit einem anderen Menschen, mit ihr zu erleben, war einfach etwas Außergewöhn-
liches. Ich mag die Menschen, aber gewöhnlich befällt mich
nach etwa einer Stunde mit ihnen zusammen Langeweile.
Daß ich mit ihr Stunden um Stunden zusammensein
konnte und keinen Augenblick ihrer müde wurde – das war
ein Wunder, aber das hat nicht bedeutet, daß ich nicht meinem innersten Wesen nach ein Einsiedler wäre."

(A Midsummer Diary, 12)

Daher war das Ergebnis zahlreicher langer Therapiegesprä-
che mit seinen Vorgesetzten, daß er die ausdrückliche Bezie-
hung zu „M" praktisch auf Null reduzierte. Im Sommer
1968, ein Vierteljahr vor seinem Tod, telefonierte er noch
einmal mit ihr und war ziemlich verzweifelt.

Wir sind zwei halbe Menschen und wandern
In zwei verlorenen Welten.
Wir haben die Hörer beiseite gelegt. Vorbei
daß die Liebe
Wenigstens leise in den langen Drähten
singt ...
Wie elend verlassen liegt nun die Liebe

Da selbst unser Schluchzen nun schweigt.

(Gedicht „Evening: Long Distance Call")

Die Erfahrungen und Empfindungen seiner Liebe zu „M" hat Thomas Merton in seinen Tagebüchern minutiös aufgezeichnet; doch wird der größte Teil dieser Texte bis heute unter Verschluß gehalten. Wir sind auf die wenigen Zitate angewiesen, die Mertons offizieller Biograph Michael Mott, der die Texte einsehen durfte, verwendet hat. 1985 wurde ein schmaler Gedichtband Thomas Mertons mit dem unscheinbaren Titel „Eighteen Poems" veröffentlicht, der achtzehn Liebesgedichte an „M" enthält.

In der Zeit vor seiner Begegnung mit „M" hatte sich Thomas Merton zunehmend mit der Frage gequält, ob er im Tiefsten liebesfähig sei.

Meine schlimmste und tiefste Krankheit ist der verzweifelte Gedanke, ob ich jemals wirklich zu lieben fähig sein werde, denn ich verzage im Gefühl, niemals der Liebe wert zu sein.

(Unveröffentlichte Tagebücher, 317)

Diese Zweifel, ob er selbst liebenswert sei, führten Merton zu einem kritischeren Nachdenken über den Sinn der Liebe, und er stellte einige seiner seitherigen Lieblingsthesen darüber radikal in Frage.

In der Frühzeit seines Mönchslebens hatte er die Auffassung der klassischen Tradition übernommen, die lautere Liebe müsse sich von allem Geschaffenen und von ihrem eigenen Begehren völlig lösen. Jetzt kam er zur Einsicht, daß

134

Gott durchaus will, daß wir bestimmte Sehnsüchte und bestimmte Freuden haben. Es ist eine Frage der Demut, unser
Menschsein ganz zu bejahen, und Stolz, es zu verkennen.

(1966: Conjectures of a Guilty Bystander, 20)

*Gleichzeitig machte er sich lebhafte Gedanken über den Be-
griff des „Gesetzes der Liebe",*

des tiefsten Gesetzes unserer Natur. Das ist nichts, was unserer Natur fremd ist oder ihr von außen her auferlegt
würde. Unsere Natur selbst neigt uns der Liebe zu, drängt
uns dazu, in Freiheit zu lieben ... (und) unsere Erfüllung zu
finden, indem wir lieben.

*Er fügte dieser noch im Allgemeinen bleibenden Äußerung
über die zentrale Bedeutung der Liebe eine Warnung an, die
er eindeutig sich selbst ins Stammbuch schrieb:*

Hüte dich vor der Versuchung, aus vorgeblich ‚geistlichen
Gründen' die Liebe zu verweigern, die Liebe zu verwerfen.
Halte dir die abscheuliche Sterilität derjenigen vor Augen,
die behaupten, Gott zu lieben, und sich in Wirklichkeit
völlig von der Pflicht, jemanden konkret zu lieben, entbun-
den haben.   (Conjectures of a Guilty Bystander, 122)

*Diese Äußerung verrät Mertons zunehmendes Gespür dafür,
daß die Ideologie einer „geistlichen, selbstlosen Liebe" den
Menschen in Wirklichkeit daran hindern konnte, sich ganz
und gar auf die Liebe einzulassen. Schließlich kam er zu dem*

135

Schluß, eine tiefe, reife Liebe müsse notwendigerweise mit Erfahrungen menschlicher Liebe zu einzelnen, konkreten Personen verbunden sein.

Dieser Schluß ließ ihn nicht nur überdenken, wie offen und ehrlich seine Beziehungen zu seinen Mitbrüdern im Kloster waren, sondern auch, wie er Frauen gegenüber eingestellt sei. Er schrieb:

Der Mann ist am menschlichsten und beweist sein volles Menschsein (ich sage bewußt nicht: seine Männlichkeit) durch die Beschaffenheit seiner Beziehung zur Frau.

(Conjectures of a Guilty Bystander, 190)

Damit stellte sich Merton, dem kontemplativen, zölibatären Mönch, ein mögliches Problem, und es spricht für ihn, daß er sich ihm offen stellte:

Im Kloster, mit unserem Gelübde der Keuschheit, wird als Ideal unterstellt, wir könnten weit über die eheliche Liebe hinaus zu etwas Reinerem, Vollkommenerem, viel radikaler Hingegebenem gelangen. Das sollte uns dann zu den *menschlichsten* aller Menschen machen. Aber die Frage ist: wie kann man „weit hinaus über" etwas gelangen, das man noch gar nicht erreicht hat? ... Das ... bedeutet, wir können nicht vollkommen lieben, solange wir noch nicht auf irgendeine Weise reif und wahrhaftig einen Menschen geliebt haben. (Conjectures of a Guilty Bystander, 190f.)

Es wäre unredlich (und es ist wiederholt unternommen worden), Thomas Merton, den Mönch, den Einsiedler, den Propheten der Einsamkeit und der Stille, in einem Buch über „Zeiten der Stille" ohne diesen überraschenden Schluß vorzustellen. Man bestätigte dann lediglich ein starres Klischee des Menschen, dem „Gott allein genügt", und zwar ohne menschliche Vermittlung, ohne den Weg über die Inkarnation, über die Fleischwerdung. Würde man nur Texte und Elemente aus seiner Biographie auswählen, die das Alleinsein und die Stille empfehlen, ohne zu zeigen, daß dies keine Ziele in sich sind, sondern daß sie einen abenteuerlichen inneren (und gelegentlich auch äußeren) Weg erschließen, der zurückführt in die Fülle des „gewöhnlichen", aber jetzt geläuterten und gereiften Menschseins, würde man den Leser betrügen.

MIT ATEMBERAUBENDER GANZHEIT
LIEBEN

Mit dem unvollkommenen Mittel der Sprache versuchte Thomas Merton zu fassen, was ihm „M"s Liebe zugefügt, wohin sie ihn getragen und wie sie seine Welt verändert hatte.

Das Bild aus dem Prosagedicht „Hagia Sophia" vom hilflosen Menschen in einem Krankenhausbett, der sich von einer Operation erholt, war überraschend leibhaftig an ihm Wirklichkeit geworden.

In einem Gedicht mit dem humorvoll-ironischen Titel „Immer gehorche ich meiner Krankenschwester" sprach er davon, seine Religion und damit sein Selbst sei ihm jäh „gebrochen" worden, und er bekräftigte seinen Vorsatz, seine Befindlichkeit stets sensibel zu registrieren:

Sorgfältig achte ich stets
Auf Wunden und Brüche
Denn immer bin ich gebrochen
Immer gehorche ich meiner Krankenschwester
…
Sorgfältig will ich stets achten
Auf meine gebrochene Religion
(I Always Obey My Nurse)

Es fiel ihm wie Schuppen von den Augen, daß er zu lange hinter einer Mauer aus theologischen Bausteinen gelebt hatte, leibhaftig symbolisiert durch die Klostermauer. Sie hatte ihm Sicherheit verschafft, aber nicht das Heil und das Glück beschert.

Ich bin ein Häftling
In einer Theologie des Wollens ...
Ich bin vermauert
Ich baue zehn steinerne Theorien
Von einer Steinmauer umschlossen mein Eden
(Ohne Titel)

Im „May Song" rief er „M" zu Hilfe:

Rette mich ... ich sterbe
In der idealen Sonne ...
Mich zerstört
Zu viel Vollkommenheit

Er habe sich selber Wunden zugefügt, gesteht er. Obendrein sei er von seinen kirchlichen Oberen mißhandelt worden:

Denn heute haben sie mich hart getroffen in der Stadt
Sie haben mich geschlagen mit ihrer offiziellen Kette
Sie haben die Weichstellen an meinem Kopf getreten
Mit den Absätzen ihrer Klerikerschuhe
(Cancer Blues)

Aber trotzig begehrte er auf:

Gott hat nicht den Tod gemacht
Er hat nicht Gefängnisse erfunden
Oder einherstelzende kanonische Raben
Als Schmutz in der Schnittwunde
(I Always Obey My Nurse)

Der verwundete Mann erkannte deutlich, daß er sein Leben in der Liebe aufs Spiel setzen mußte. Anfang Mai, zwei Monate, nachdem er „M" kennengelernt hatte, vermerkte er in seinem Tagebuch, ihm dämmere immer mehr die Erkenntnis, daß

in mir die tiefsten Kapazitäten für menschliche Liebe noch niemals angerührt worden sind (und) ... daß auch ich mit atemberaubender Ganzheit lieben kann.

(Unveröffentlichte Tagebücher, 452)

Er schrieb an „M":

Tief, ganz tief in uns drinnen, Liebling, gibt es etwas, das uns anweist, uns vollständig loszulassen. Das meint nicht nur das Loslassen, wenn die Kleider zu Boden fallen und sich die Körper aneinanderpressen ohne Stoff dazwischen. Nein, es geht um die viel aufregendere Auslieferung, daß sich unser Sein selbst der Nacktheit der Liebe ausliefert, es geht um eine Vereinigung, bei der kein Schleier der Illusion mehr zwischen uns ist. Liebling, ich sehne mich bis zum

Wahnsinn danach. Verstehst Du das? Brauchst Du mich genauso? (Isolated Pages, 454)

Seine Gedichte sind wie die Chronik seines Versuchs, mit dieser „atemberaubenden Ganzheit" zu lieben. Sie schildern, wie er zunehmend erkannte, daß er sich sehr viel radikaler als bisher völlig loslassen und der Zerbrechlichkeit und den unvorhersehbaren Fährnissen der Liebe ausliefern sollte. Die Bilder, die er dafür gebrauchte, sind eindeutig: er sprach vom Zusammenbruch, vom Glücksspiel, vom Schiffbruch Leiden, vom Abbruch, vom Stürzen, von der Zerstörung, vom Ertrinken.

In einem „Night Letter" feierte er die Entdeckung, daß ihn die Liebe vom Perfektionismus befreite:

Liebe ist nicht sie selbst
Ehe sie nicht um ihre Zerbrechlichkeit weiß
Und fehlgehen kann
Sie läuft nicht
Wie eine gut geölte Maschine ...
Liebe läuft am besten
Wenn sie jeden Augenblick zu brechen scheint

In einem anderen Gedicht spielte er auf sein nervenaufreibendes „Telefon-Roulette" an, weil er nie wußte, wann er Gelegenheit hatte, „M" anzurufen, und ob sie dann da war:

Liebe ist ein heiliges Glücksspiel ...
Es gibt keinen Terminplan
Für den unvorhergesehenen
Anschluß

(A Long Call is Made out of Wheels)

Die Liebe bringe alles durcheinander, beschrieb er in dem humorvoll-sarkastischen Gedicht „Never Call a Babysitter in a Thunderstorm". Das „Baby" Liebe tyrannisiere alle im Haus, und es gebe keine Möglichkeit, sich seinen penetranten Ansprüchen zu entziehen.

Kurz gesagt also, mein Knabe
Hüte dich vor der Liebe
Sie macht bloß alles kaputt in der Welt

Doch Thomas Merton war es eine Offenbarung, daß seine Welt „kaputt" gemacht wurde. Wie ein Ertrinkender in der Sturzflut der Liebe schlingernd, spürte er die rettende Geliebte:

Es ist Mai wir sind verloren
In unerwartetem Licht
Wir ertrinken ineinander
Kannst du noch atmen
Liebste verzweifelt
Klammere ich mich an die runde Schale
Deiner Hüften und schreie
Leih mir um Gottes Liebe willen

Dein Rettungsboot
Mich zu bergen deinen Körper

*Die erotische Sprache weist darauf hin, daß er die körperli-
che Intimität als Medium empfand, das ihm die rettende
Macht der Liebe vermittelte. Diese leibhafte Sinnlichkeit findet sich auch in anderen Gedichten:*

Wir schaukeln und schwimmen
Im wortlosen Schmerz der Liebe ...
Wir schaukeln zusammen
In dieser köstlichen verzweifelten Klammer
(Cherokee Park).

*Wenn er wieder allein war, wirkte ihre leidenschaftliche
Umarmung lebhaft in seiner Phantasie nach:*

Der Tod ist nicht so stark
Seide ist stärker. Der Abdruck
Deiner Brüste
In meinem Herzen.
Tief in mir
Ist dein köstlicher Hügel
Tief in mir
Dein seidener Schrei
(Two Songs for M)

Thomas Merton hatte einen langen Weg zurückgelegt, bis er diese besondere Art eines „heiligen Chaos" kennen und schätzen lernte. Einer seiner klügsten und menschlichsten Essays, den er im Herbst 1966 geschrieben hat, trägt den Titel: „Liebe und Bedürfnis: Ist Liebe eine Last oder eine Botschaft?" Er machte sich darin ausführlich Gedanken über die paradoxe Fruchtbarkeit, die dieses gefährliche Unternehmen zeitigt.

Die Liebe bringt dich außer dich. Du verlierst die Kontrolle über dich. Du „fällst" (im Englischen: you *fall* in love). Du wirst verwundet. Sie bringt deinen geregelten Alltag durcheinander. In dir erwachen Gefühle, du entwickelst Phantasie, du wirst verletzlich, wirst töricht ... Du mußt dich jetzt von dieser Kraft forttragen lassen, die stärker als die Vernunft ist ...   (Love and Living, 26)

Und, wieder in einem Gedicht:

Nichts kann jemals wirklich schaden
Dem, der sich völlig verliert
In die Liebe zu einem andern
(Certain Proverbs Arise out of Dreams)

DAS WAGNIS, EINES MENSCHEN
ZU BEDÜRFEN

Wer sich allein in die Stille zurückzieht, kann einer Illusion von innerer Freiheit verfallen: als bestehe sie darin, niemanden mehr zu brauchen und auf keinen Menschen mehr angewiesen zu sein. Thomas Merton wurde sich dieser Gefahr bewußt. Hatte er bislang mit einer schlechten Theologie unterstellt, die vollkommene Liebe sei reines Schenken, frei von jedem eigenen Bedürfnis, so erkannte er jetzt: die vollkommene Liebe wagt das vollkommene Angewiesensein auf ein geliebtes Du.

Liebe ist Glaube non-stop
Und Treue zu absurder
Bedürftigkeit
(Two Songs for M)

Ja, einzugestehen, daß man des anderen bedürfe, war der erste Schritt zum Heilwerden.

Es gibt Besseres als alles zu gewinnen: das
ist das
Ungeheure Bedürfnis nach dem andern
Es gibt einen Traum, der ist
Feierlicher als das Jüngste Gericht in dem
der Träumer

145

Weiß daß er ohne die Geliebte verloren ist.
So verloren daß
Keine Spur von ihm zu finden sein wird nicht
einmal in der Hölle. Mein Bedürfnis
Nach dir ist mein Gericht
...
In meinem Schlaf weiß ich daß
Ich ohne dich verloren bin und in
Deinem Schlaf weißt du daß du ohne mich nicht
länger
Existieren kannst ...
In der Nacht, wenn nichts mehr zu sehen ist
wende ich mich
Meiner Geliebten zu und ihre Stimme ist meine
Sicherheit

(Certain Proverbs Arise out of Dreams)

Ich speise eine innere Lampe
Unser beider Bedürfen
Ist unser beider Gegenwart
Es brennt allein
Und dennoch
Ist es Licht mitten in feuchter Finsternis
Für uns in einer trocknen Kammer
Die ich nicht kenne
Denn ich selbst bin sie

(For M in October)

Jetzt erlebte Thomas Merton, daß das Verwundetwerden durch die Liebe in Wirklichkeit ein Heilungsprozeß war. Wer seine Verwundbarkeit mit der Verwundbarkeit eines

anderen Menschen teilt, entzündet ein Feuer in der Finster-
nis, und Wärme strömt aus

Dem kleinen blinden Feuer
Das von einer Wunde in die andre überspringt
Die gebrochenen Knochen zusammenfügt
Und Sünden verbindet daß man sie vergessen
kann

Dieses heilende Feuer ist stärker als

Die arrogante Wunde
Die unter der offiziellen Bandage stinkt

Aus dieser Erkenntnis heraus legte Merton sozusagen ein
neues Gelübde des Gehorsams auf diese ursprüngliche
Quelle des Lebens ab:

Ich gehorche meiner Krankenschwester
Die in ihren grauen Augen und ihrer
sterblichen Brust
Eine unsterbliche Liebe hegt die die Weisen
zerbrochen haben
Weil wir beide gebrochen worden sind können
wir sagen
Daß Gott den Tod nicht gemacht hat
... Ich will dem kleinen Funken gehorchen
Der von Wunde zu Wunde zuckt ...

Ich will dem gebrochenen Herzen meiner
Krankenschwester gehorchen
Von wo alle Feuer kommen
Und Schmerz zu Schmerz fügen
… Immer gehorche ich dem Funken der wie der
Blitz schmeckt
In der unermeßlichen Nacht.

(I Always Obey my Nurse)

*Jetzt stellte er erst recht die „alte Welt" des Klosters in Frage,
die er selbst zu erschaffen und aufrechtzuerhalten mitgehol-
fen hatte. Dort war alles bis zur Verdummung als erstarrte
Gewißheit ausgegeben worden, während in der neuen Welt
der Liebe die Fragen brennen.*

Alle Tore sind verschlossen
Das Kloster ist kalt
Alles ist dort gewiß
Doch Feuer schwelt
In seinem Kern

(ohne Titel)

*Starrheit und falsche Sicherheit machen den Menschen
krank; wer gesund werden will, muß offen und für Ände-
rungen und Umbrüche bereit sein.*

Weisheit wächst wie eine Blume … ein Vogel
Mit wunderschönen Schwingen
Ihr Flug ist wie eine Frage

148

Den fliegenden Vogel verstand er als Hoffnungssymbol da-
für, daß er im Begriff war, aus einer Sackgasse herauszukom-
men. Allzulange war darin das Wachstum des neuen Lebens
in ihm blockiert worden.

Theologie ist zuweilen Krankheit
Ein gebrochenes Genick von Fragen
Ein hilfloser Zweifel
in einem beheizten Bett ...
Der Vogel findet diesen Zweifel
Gebrochen im Fieber
Und weiß: Du bist mein Ruhm
Und ich deine Antwort – Falls du eine Frage
hast.

(ohne Titel)

DIE HIMMLISCHE LITURGIE DER LIEBE

Welchen Himmel erschloß dagegen der geliebte Mensch!
Er ist mehr als die Theorie der Theologie, ist mehr als das
gesichtslose Sich-Eins-Fühlen mit aller Wirklichkeit, ist, ver-
sammelt im Antlitz und in der leibhaftigen Nähe der Gelieb-
ten, jenes selige Gefundenwerden, das wir ein Leben lang
suchen.

> In diesem Himmel laß mich niederliegen
> Unter dem duftenden Zelt
> Deines schwarzen Haars ...
> Unter diesen langen Wimpern
> Werde ich wieder gefunden
> Von deinem weisen Blick
> Der auf mir ruht
>
> (May Song)

Das gerade zitierte Gedicht ist ein Erinnerungsgedicht an
ein Picknick mit „M" in den Wäldern um Gethsemani. Das
folgende deutet ein kurzes, intensives Miteinander auf dem
Rasen vor dem Flughafen von Louisville:

Wir mit unsrer scheuen Liturgie
Schüchterner Kinder haben Gott erlaubt
Seine ursprüngliche Welt neu zu schaffen
Hier auf diesem tauben Gras

Hat diese Liebe an der Liebe Gottes teil? Wird sie von ihr bewegt? Ist sie diese Liebe selbst? Die Antwort bleibt offen.

… alles Alleinsein
… ist für einen Augenblick vergessen in der
schlichten
Liturgie von Kindern die Gott erlauben
Wieder Liebe zu wirken
Die allein die Seine ist
Seine allein und schrecklich dunkel und
selten
(Louisville Airport, May 5, 1966)

Jedenfalls ist diese Liebe immer wieder absolut neu, einzigartig und schöpferisch:

Wir mit unsrer scheuen Liturgie
Und Tränen
Von Neugeborenen
Zelebrieren das erste Erschaffen
Der feierlichen Liebe
Jetzt zum ersten Mal für immer
Von Gott erschaffen in diesen
Vier feuchten Augen und kühlen Lippen
Und gottesdienstlichen Händen

Sie ist das Ziel und die Erfüllung aller Sehnsüchte in der Ge-
schichte der Menschheit:

Wenn ein wortloser Anfang
Strahlenden Feuers
Aus dem Herzen aufsteigt
Und der Abend eine Flamme wird
Die alle Propheten
Richtig voraussahen
Zieht Klarheit überall ein
Und erschafft die ganze Welt
Noch einmal
Gibt es nur diese eine Liebe
Die jetzt unsre Welt ist

(Louisville Airport)

Thomas Merton konnte diese Liebe und Nähe nicht in
einem gemeinsamen Leben verwirklichen. Innere und äu-
ßere Gründe hinderten ihn daran. Das läßt diese Erfahrun-
gen Bruchstück bleiben.

Aber was können wir tun? Wahre Liebe
Ist zuzeiten eine Zelebration des Schmerzes
Wir werden auseinandergerissen ...
Was ist süß an dieser bittern
Trennung? Das ist Tod
Ist das Reich des Teufels.

(Evening, Long Distance Call)

*Es wäre merkwürdig, Thomas Mertons leidenschaftliche
Liebe zu einer Frau so zu deuten, daß „M" lediglich für kurze
Zeit in seinem Leben als eine Art „Katalysator" wichtig gewesen wäre, um verkümmerte Dimensionen in der Seele und
den Erfahrungen des „Einsiedlers" und Geistesmannes zu
wecken. Denn solches bloßes „Verwenden" und wieder Ste-
henlassen der Geliebten widerspräche ganz und gar dem
Wesen, der Ernsthaftigkeit und der Endgültigkeit der Liebe.*

*Blieb er ihr mit jener Sehnsucht nahe, die er selbst beschrie-
ben hat?*

Bar aller Hilfe
Oder Liebe wird mir wärmer
Wenigstens dadurch dich zu ersehnen
Während du im fernen Regen wieder zum Leben
erwachst ...
Wachst du in mir auf, Liebste ...
Wir sind einander näher als wir wissen ...
Du erwachst in einem andern Raum
Und das Bett wo du schliefst
Ist ein Nest in meinem Herzen
(For M on a Cold, Grey Morning)

Heute scheint keine Sonne
Dennoch: ein neuer Morgen
Und in einem fernen Raum
Den ich niemals betrat
Sieht niemand wie du die Augen aufschlägst
Nur das Dämmerlicht
Das sich in diesem Augenblick vielleicht
wandelt

Zum Licht in das du blickst
Und der Tag den du kennst
Kennt den Augenblick deiner Rückkehr
Von den Strömen der Nacht diesem Nirgendwo
Diesem Ozean augenloser Stille
Unverletzt nichtwissend wo dein Herz
Für mich schlief

Ich bin in Fehde mit meinem eigenen Herzen
Weil ich nicht dort sein kann
Um die Offenbarung deiner Augen zu sehen
Die sich nicht nur für meines Tages Licht
öffnen
Sondern für meine Augen und mein wartendes
Herz
Damit ich feierlich erkläre
Was ich am besten weiß
Daß du tatsächlich wieder da bist
Daß deine Identität
Tatsächlich der Welt wiedergeschenkt ist
Und deine Gegenwart
Diese höchst notwendige Gegenwart
Die Liebe in Person
Uns Gottlob wiedergeschenkt ist
...
Wenn das wenigstens ein Tag ist
Den du kennst
Den jetzt deine Augen sehen
Mag er ruhig ohne Sonne sein
Sein Grau in Grau genügt
Ich bin mit ihm zufrieden
Ich will keinen andern

(Aubade on a Cloudy Morning)

154

Er starb am 10. Dezember 1968 eines jähen Todes in einem Hotelzimmer in Bangkok, auf einer Reise nach Asien, wo er die Begegnung mit der fernöstlichen Weisheit gesucht hatte.

Die Liebe ist ... eine Intensivierung des Lebens, eine Erfüllung, eine Fülle, eine Ganzheit des Lebens ... Das Leben bewegt sich auf einer Aufwärtskurve bis zu einem Höhepunkt an Intensität, einem Höhepunkt an Wert und Sinn. An diesem Punkt werden alle seine verborgenen schöpferischen Möglichkeiten aktiviert. Der Mensch transzendiert sich selbst in der Begegnung, im Antworten und in der Kommunion mit dem Gegenüber. Das ist der eigentliche Sinn, für den wir in die Welt gekommen sind: diese Kommunion, diese Selbst-Transzendenz. Wir werden so lange nicht voll und ganz zu Menschen, wie wir uns aneinander nicht in Liebe hingegeben haben ... Wir werden nie ganz wirklich sein, wenn wir uns nie in die Liebe fallen lassen.

(Love and Need, 27).

QUELLENVERZEICHNIS

Der Verfasser ist jeweils Thomas Merton, der Übersetzer, wo nicht anders angegeben, Bernardin Schellenberger.

AUS DER STADT IN DIE STILLE

Rain and the Rhinoceros, in: Thomas Merton, Raids on the Unspeakable, New Directions New York 1966, S. 9–23.
The Silent Life, Farrar, Straus and Cudahy New York 1957, S. 167.
Creative Silence, in: The Baptist Student 48 (Februar 1969), S. 21.

ANDACHT ZUR WIRKLICHKEIT

Seeds of Contemplations, New Directions New York 1949, S. 60.
Das Zeichen des Jonas, Übersetzung: Annemarie von Puttkamer, Benziger Verlag Einsiedeln/Zürich/Köln 1954, S. 211–213, 249f., 263f. Originaltitel: The Sign of Jonas, © 1953 by the Abbey of Our Lady of Gethsemani. Renewed 1981 by the Trustees of the Merton Legary Trust. Veröffentlicht mit der Genehmigung Nr. 46888 der Paul & Peter Fritz AG in Zürich.

IN ALLEINSEIN FREI WERDEN

Das Zeichen des Jonas, Übersetzung: Annemarie von Puttkamer, Benziger Verlag Einsiedeln/Zürich/Köln 1954, S. 269, 265, 349–351. Originaltitel: The Sign of Jonas, © 1953 by the Abbey of Our Lady of Gethsemani. Renewed 1981 by the Trustees of the Merton Legary Trust. Veröffentlicht mit der Genehmigung Nr. 46888 der Paul & Peter Fritz AG in Zürich.

WACHEN IN DER STILLE DER NACHT

Das Zeichen des Jonas, Übersetzung: Annemarie von Puttkamer, Benziger Verlag Einsiedeln/Zürich/Köln 1954, S. 363–377. Originaltitel: The Sign of Jonas, © 1953 by the Abbey of Our Lady of Gethsemani. Renewed 1981 by the Trustees of the Merton Legary Trust. Veröffentlicht mit der Genehmigung Nr. 46888 der Paul & Peter Fritz AG in Zürich.

IM SCHWEIGEN DER WEISHEIT BEGEGNEN

Schweigen im Himmel, Übersetzung: Erna Melchers, Rheinische Verlags-Anstalt Wiesbaden 1957, S. 15–26.

DER ZERSTREUUNG ENTSAGEN

Vorwort zur argentinischen Ausgabe seiner Gesammelten Werke, in: Robert E. Daggy (Hg.), Introductions East & West. The Foreign Prefaces of Thomas Merton, Unicorn Press Greensboro North Carolina USA 1981, S. 34.
Notes for a Philosophy of Solitude, in: Thomas Merton, Disputed Questions, Farrar, Straus and Giroux New York 1980, S. 164–166.

ALLEINSEIN · EIN KRITISCHER AUFTRAG

Notes for a Philosophy of Solitude, in: Thomas Merton, Disputed Questions, Farrar, Straus and Giroux New York 1980, S. 178–181.

NEUENTDECKUNG DER KOSTBARKEIT VON MENSCH UND SCHÖPFUNG

Maschinenschriftlicher „Lebenslauf" vom Mai 1967, zit. v. Michael Mott. The Seven Mountains of Thomas Merton, Houghton Mifflin Company Boston Massachusetts USA 1984, S. 492.
Conjectures of a Guilty Bystander, Image Books (Doubleday) New York 1968, S. 131–132, 156–158.

UM DER WEISHEIT WILLEN DEN AKTIVISMUS ZÜGELN

Vorwort zur japanischen Ausgabe von Seeds of Contemplation, in: Introductions East & West, The Foreign Prefaces of Thomas Merton, Unicorn Press Greensboro North Carolina USA 1981, S. 65–71.

DIE LAUTE HERBERGE DER WELT

The Time of the End is the Time of No Room, in: Raids on the Unspeakable, New Directions New York 1964, S. 66–71.

JEDES WAHRE WORT TAUCHT AUS DEM SCHWEIGEN AUF

Vorwort zur japanischen Ausgabe von Thoughts of Solitude, in: Introductions East & West, The Foreign Prefaces of Thomas Merton, Unicorn Press Greensboro North Carolina USA 1981, S. 91–98.

SCHWEIGEN SELBST ALS WORT UND LIEBE

Wahrhaftig beten, Übersetzung: Margret Meilwes, Paulusverlag Freiburg (Schweiz), S. 104–110.

FREMDLING IN EINER GESCHWÄTZIGEN WELT

Day of a Stranger, in: A Thomas Merton Reader, edited by Thomas P. McDonnell, Image Books Garden City New York 1974, S. 431–438.

DAS SCHWEIGEN UND DIE LIEBE ZUR FRAU WEISHEIT

Zit. in: Thomas Merton, The Monastic Journey, Sheldon Press London 1977, S. 171.
Unveröffentlichte Tagebücher, vom 28.2.1958; zit. v. Michael Mott, a. a. O., S. 312f; vom 4.3.1958 S.313; vom 19.3.1958 S.313.
Brief vom 23.10.1958 an Boris Pasternak, in: B. Pasternak / Th. Merton, Six Letters, King Library Press Lexington Kentucky USA 1973, S. 11f.

HAGIA SOPHIA

Zit. in: Thomas P. McDonnell, A Thomas Merton Reader, Image Books Garden City New York 1974, S. 506–511.

DER EINSAME ERWACHT ZUR LIEBE

A Midsummer Diary, 12; zit. v. Michael Mott, a. a. O., S. 452.
Gedicht „Evening: Long Distance Call", zit. V. Michael Mott, S. 454.
Unveröffentl. Tagebücher v. 30.3.1958; zit. v. Michael Mott, a. a. O., S. 317.
Conjectures of a Guilty Bystander, by Thomas Merton. © 1966 by The Abbey of Gethsemani. Used by permission of Doubleday, a division of Random House Inc.

MIT ATEMBERAUBENDER GANZHEIT LIEBEN

Unveröffentlichte Tagebücher, vom 9.5.1966; zit. v. Michael Mott, a. a. O., S. 452.
Isolated Pages, 1966, JLA; zit. v. Michael Mott, a. a. O., S. 454.
Love and Need, in: Love and Living, Sheldon Press London 1979, S. 26.

DAS WAGNIS EINES MENSCHEN ZU BEDÜRFEN

Eighteen Poems, New Directions New York 1985. (Da der Gedichtband ohne Seitennumerierung ist, werden die Gedichte jeweils mit der Angabe des Titels zitiert; das gilt auch für die anderen Kapitel.)

DIE HIMMLISCHE LITURGIE DER LIEBE

Love and Need, in: Love and Living, Sheldon Press, London 1979, S. 27.

Inspiration

Thomas Merton
Sinfonie für einen Seevogel
Weisheitstexte des Tschuang-tse
Band 4421
Der moderne, weltbekannte Mystiker legt hier eine sehr persönliche Auswahl großer Weisheitstexte des chinesischen Denkers Tschuang-tse vor.

David Steindl-Rast
Fülle und Nichts
Von innen her zum Leben erwachen
Band 5026
Der inspirierende und tief berührende Klassiker unter den modernen Meditationsbüchern. Eine Einladung zum Leben in diesem Augenblick.

Willigis Jäger
Geh den inneren Weg
Texte der Achtsamkeit und Kontemplation
Band 5027
Willigis Jäger ist einer der bedeutendsten spirituellen Lehrer unserer Zeit: tief verwurzelt mit einem kontemplativen Christentum und vertraut mit dem radikalen Weg der östlichen Leere.

Sylvia zur Schmiede/Manfred Miethe
Wer glücklich ist, kann glücklich machen
Von der Freude, die in unseren Herzen singt
Band 5028
Im Sein liegt innerer Friede, nicht im Haben. Und Glück stellt sich ein im Loslassen, im Wahrnehmen und Staunen.

Mahatma Gandhi
Quellen des inneren Friedens
Band 5029
Menschlich warme und tiefe Gedanken zu den großen Themen des Lebens, die am Ende dieses Jahrhunderts neue Bedeutung gewinnen.

HERDER / SPEKTRUM

Laß dir Zeit
Entdeckungen durch Langsamkeit und Ruhe
Band 5006
Hrsg. von Rudolf Walter

Die Autoren inspirieren dazu, sich wieder Zeit zu nehmen für das Leben: für Liebe und Zärtlichkeit, Trauer ebenso wie für Freude und Genuß.

Anthony de Mello
Zeiten des Glücks
Band 5009

Die schönsten Texte de Mellos, die aufmerksam machen auf die tieferen Möglichkeiten des Alltags. Geschichten, die Herzen verwandeln.

Eugen Drewermann
Zeiten der Liebe
Band 5012

Die tiefen und poetischen Texte treffen den Kern existentieller Fragen. Sie lassen Wege erkennen, die zu einem Leben der Liebe führen.

Jack Kornfield/Christina Feldman
Geschichten, die der Seele gut tun
Band 5013

Inspirierende Weisheitsgeschichten aus aller Welt, voll innerer Heiterkeit. Von zwei bekannten Meditationsmeistern im Blick auf heutige Fragen zusammengestellt.

Gelassenwerden
Herausgegeben von Rudolf Walter
Band 5016

Die innere Gelassenheit wächst, wenn man ihr Raum gibt, wenn es gelingt, loszulassen, Vertrauen zu gewinnen, das Ganze zu sehen.

Irmtraud Tarr Krüger
Vom leichten Glück der einfachen Dinge
Kleine Freuden – große Wirkung
Band 5024

Innehalten, zu sich selber kommen, genießen, der Seele Luft und Atem geben: Sich inspirieren lassen, die Kunst des Lebens selber zu probieren.

HERDER / SPEKTRUM